LE SAC

Un petit monde d'amour

Du même auteur :

La Vie HLM, usages et conflits, Les Éditions Ouvrières, coll. « Politiques sociales », 1983.

La Chaleur du foyer, analyse du repli domestique, Méridiens-Klincksieck, coll. « Sociologies au quotidien », 1988.

La Vie ordinaire, voyage au cœur du quotidien, Greco, coll. « Réalités », 1989.

La Trame conjugale, analyse du couple par son linge, Nathan, coll. « Essais & Recherches », 1992, 2000 ; Pocket, coll. « Agora », 1997.

Sociologie du couple, PUF, coll. « Que sais-je ? », 1993, 2003.

Corps de femmes, regards d'hommes, Nathan, coll. « Essais & Recherches », 1995, 1997 ; Pocket, coll. « Agora », 1998.

Faire ou faire-faire ? Famille et services, Presses Universitaires de Rennes, 1996, 1997.

L'Entretien compréhensif, Nathan, coll. « 128 », 1996, 2001 ; Armand Colin, 2007.

Le Cœur à l'ouvrage. Théorie de l'action ménagère, Nathan, coll. « Essais et Recherches », 1997, 1999 ; Pocket, 2000.

La Femme seule et le Prince charmant. Enquête sur la vie en solo, Nathan, coll. « Essais & Recherches », 1999 ; Armand Colin, coll. « Individu et société », 2006 ; Pocket, 2001.

Ego. Pour une sociologie de l'individu, Nathan, coll. « Essais & Recherches », 2001, 2004 ; Hachette-Pluriel, 2006.

Premier matin. Comment naît une histoire d'amour, Armand Colin, 2002 ; Pocket, 2004.

Un siècle de photos de famille [introduction d'un livre de photographies], Textuel/ Arte-éditions/Éditions du Patrimoine, 2002.

L'Invention de soi. Une théorie de l'identité, Armand Colin, 2004 ; Hachette-Pluriel, 2005.

Casseroles, amour et crises. Ce que cuisiner veut dire, Armand Colin, 2005 ; Hachette-Pluriel, 2006.

Agacements. Les petites guerres du couple, Armand Colin, 2007 ; Le Livre de Poche, 2008.

Familles à table, Armand Colin, 2007 (avec des photos de Rita Scaglia).

Quand Je est un autre. Pourquoi et comment ça change en nous, Armand Colin, 2008 ; Hachette-Pluriel, 2009.

L'Étrange Histoire de l'amour heureux, Armand Colin, 2009 ; Hachette- Pluriel, 2010.

Sex@mour, Armand Colin, 2010.

www.editions-jclattes.fr

Jean-Claude Kaufmann

LE SAC

Un petit monde d'amour

JC Lattès

Maquette de couverture : Atelier Didier Thimonier
Illustration : © Hélène Crochemore

ISBN : 978-2-7096-3546-2

Introduction

Je ferai parler les sacs, je saurai les faire parler !

En trente ans de recherches, j'avais bien réussi à révéler les non-dits des casseroles et des torchons, à montrer comment les marmites fabriquent la famille et pourquoi le linge tisse la vie à deux, j'avais révélé ce qui se cache derrière les usages du maillot de bain sur la plage ou la façon de passer un coup de balai dans la maison. Alors les sacs, pensez donc ! Il est tellement évident qu'ils ont des milliers de choses à raconter. Plus évident qu'une simple casserole ou qu'un ridicule balai. Il suffit de regarder autour de soi pour le comprendre.

Regardons. Il est très rare qu'une femme n'ait pas de sac. Le sac est à la femme ce que la coquille est à l'escargot. Sauf que la coquille, on sait ce qu'il y a dedans. Et que les escargots se ressemblent. Pour les sacs, il y en a des petits (juste le nécessaire), des gros (toute sa vie dans son sac), des durs, des mous, portés à l'épaule ou à la main, apparemment rangés ou incontestablement bordéliques. Des sacs qui agacent (quand le téléphone y joue à cache-cache), ou sujets d'un vrai coup de foudre et qu'on arbore comme un trophée identitaire (mon sac, c'est moi). Brèves poussées de haine et amour fou donc. Il y a toutes les émotions du monde dans un sac.

Cet objet-là n'a vraiment rien d'ordinaire, il n'a que les apparences de l'ordinaire. Certes il est en cuir ou en toile, fier de son arrogante jeunesse ou râpé par les ans : on pourrait le décrire comme une chose. Mais il a été trop touché. Tellement manipulé, jour après jour, caressé en pensées et en actes, qu'il est devenu une extension de soi.

Et puis il y a ses immenses secrets, son cœur intime… mais n'allons pas trop vite.

Je saurai faire parler les sacs, j'en étais presque sûr. Il me fallait cependant d'abord franchir quelques obstacles qui refroidissaient mon enthousiasme. Paradoxalement, parce que je n'étais pas le premier à avoir cette idée. D'autres avant moi avaient déjà eu envie de faire parler les sacs, développant des trésors d'imagination pour atteindre leur but. Or le résultat de leurs travaux était, il faut l'avouer, quelque peu décevant. Intéressant certes, souvent drôle, attirant le regard, posant des questions. Mais quand même un peu répétitif et ne réservant guère de surprises. Après des dizaines et des dizaines de sacs ouverts, révélant autant d'agendas, clés, téléphones, mouchoirs en papier, cachets d'aspirine et bonbons à la menthe, le doute affleure aux pensées : et si les supposés secrets du sac étaient de faux secrets, et si le sac était malgré tout de la matière ordinaire ? Intime, mais quand même ordinaire. Avais-je raison de vouloir donner dix-huit mois de ma vie (c'est la durée de mes enquêtes) pour cette sacoche qui ne les méritait peut-être pas ?

Plusieurs fois j'ai failli abandonner ; je sais aujourd'hui que cela aurait été un grand malheur. Car le sac a vraiment beaucoup, beaucoup à dire quand on arrive à le faire parler. Et j'y suis, je crois, parvenu.

Mais pourquoi moi ? Pourquoi ai-je réussi là où d'autres avaient (plus ou moins) échoué ? Parce que je suis le plus fort ? L'hypothèse flatte un temps, avant de devoir être, hélas, bien vite abandonnée. Non, excepté quelques points de méthode issus d'une longue expérience professionnelle (c'est mon travail quand même, et je me suis justement spécialisé dans l'art de faire parler le banal !), tout cela était dû tout bêtement au hasard. J'avais eu de la chance.

Mes prédécesseurs avaient peut-être cherché à trop bien faire. Ils s'étaient organisés avec grand sérieux pour dresser des inventaires, pointillistes et systématiques. Tous les sacs étaient impitoyablement vidés, auscultés, et leurs objets classifiés par espèces, dans une démarche digne d'un entomologiste du XIXᵉ siècle. Prenez Kelley Styring. Pour dresser son « Archéologie du sac à main » des Américaines, elle va jusqu'à peser chacun au gramme près, le prendre en photo et le ficher avec un numéro d'identification. Prenez Will Baxter. Appareil photo à la main, il se lance dans un « tour du monde en 80 sacs » avec une visée grandiose : parcourir les divers continents pour dresser le bilan des relations entre les cultures à partir d'un inventaire comparé des sacs. Peut-être, quelque part, avait-il entendu la chanteuse Camille ?

> *On s'est posé trop de questions :*
> *« To be or not to be ? »*
> *« Est-ce que Dieu existe ? »*
> *Mais pour comprendre la marche du monde*
> *Il faudrait que les hommes m'expliquent*
> *Qu'est-ce qu'il y a dans le sac des filles*[1] *?*

En fait, Will Baxter ne voulait pas se limiter au sac des filles. Il demanda aux garçons aussi de vider le leur. Le résultat ne fut pas à la hauteur des espérances. Que trouva-t-il ? Des sacs à l'ancienne, plus sacs de travail que sacs à main. (Le petit cireur des rues en Inde qui balade son cirage et ses brosses.) Des sacs plus branchés et urbains, mais au contenu horriblement stéréotypé et strictement technique (téléphone, MP3, clés, papiers, monnaie). Et puis des sacs de femmes, certes un peu plus intrigants, mais dont le seul inventaire ne parvenait pas à lever les secrets.

Je suis un peu sévère. Il arrive aussi que le travail d'inventaire donne de premières pistes. On sent que les objets sont à deux doigts de parler, que l'envie les tenaille. Regardez par exemple dans le blog de Sandra[2] : les sacs ouvrent leurs entrailles et mettent en scène, enfin, des fragments d'existence, les vibrations de la vie. Une tétine et un biscuit écrasé : voici une jeune maman. Mais tout cela reste quand même un peu sage et rangé, empreint de retenue. Alors que, nous le verrons, le sac n'est qu'agitation permanente et questions existentielles. Parfois questions futiles aussi. Mais ce n'est là qu'arbre en surface, qui cache la forêt des profondeurs.

Ma chance fut sans doute d'être un peu moins sérieux (voilà une prime à la paresse dont je suis vraiment désolé). Ou plus exactement, n'étant pas du tout sûr que le sac méritait dix-huit mois d'une vie, je voulus faire un test avant de me lancer dans l'enquête. Dans une chronique rédigée pour *Psychologies Magazine*, je lançai donc très librement un appel à témoignage. Je rêvais qu'on me raconte sa vie/son sac. Pour voir, comme on dit au poker. Le coup fut gagnant.

Une merveilleuse surprise. Soixante-quinze récits de sacs. Les sacs me parlaient ! Avec émotion et poésie, force et justesse. Évoquant l'amour et la mort, les basculements de l'existence, les angoisses et les passions, la douceur des peaux caressées, le bonheur des souvenirs enfouis. Et mille autres

11

choses aussi extraordinaires et grandioses, qui se blottissaient bel et bien au creux du sac. Il n'était pas du tout un objet ordinaire, j'en avais la preuve maintenant. Je n'avais rien fait de spécial – la chance, vous dis-je – et on m'offrait un somptueux cadeau. La moindre des politesses était donc de le partager, en travaillant ma plume pour tenter de rendre la beauté de ce qui m'avait été donné.

Voici donc ce que les sacs ont à nous dire.

1. *Le mystère des secrets*

À vrai dire, tout ne fut pas absolument parfait au début. Quelques voix discordantes se firent en effet entendre. Des femmes essayaient de me dissuader : c'était bien une idée d'homme de croire qu'un sac pouvait cacher tant de secrets ! Passez votre route, sociologue trop curieux, vous perdez votre temps, il n'y a là-dedans rien d'extraordinaire à trouver ! Sabrina notamment était catégorique :

« Je constate depuis toujours que les hommes n'osent jamais regarder dans le sac d'une femme comme si nous y cachions je ne sais quels secrets ! Cela m'a toujours amusée, car que peut-on trouver de si indiscret dans ces sacs ? Un sex-toy pour les plus coquines, des protections féminines non utilisées ? Seraient-ce ces objets qui inquiètent tant les hommes ? Surprenant alors…

« Pour mon cas, je ne me suis jamais gênée pour regarder dans les sacs de ma mère ou de mes amies (avec leur accord bien sûr), eh bien croyez moi, je n'y ai jamais rien trouvé de si mystérieux. Très souvent du désordre, quelques objets pour se re-farder, des photos préférées rangées dans les portefeuilles, un carnet d'adresses, un porte-bonheur pour les plus superstitieuses, l'incontournable portable, mais jamais rien de si inavouable !

« Je suis psychothérapeute clinicienne, et je pense que cette idée que les femmes puissent enfouir une partie d'elles-mêmes dans leurs besaces est difficilement exploitable. »

Heureusement je ne me laissai pas influencer. Parce qu'il y avait infiniment plus de témoignages contraires. Et parce que je me sentais immédiatement en désaccord avec Sabrina. Déjà, pour en rester à ces seuls exemples, je trouve personnellement qu'un *sex toy* dans un sac n'est quand même pas chose si anodine, et justifie pour le moins quelque discrétion. Mais ce n'est pas véritablement cela que je recherche. Des objets sulfureux ou surprenants, il doit certes y en avoir parfois, bien cachés au fond, et ils m'intéressent aussi. Les vrais secrets cependant, j'en suis persuadé, sont ailleurs. Plus impalpables et consubstantiels à l'âme même du sac. Très difficiles à cerner bien qu'ils soient intuitivement perceptibles. C'est justement le mystère des secrets qui ne se donnent pas comme tels que je veux découvrir. Le premier mystère à lever est celui de la nature des secrets.

Partir des hommes ne me semble pas une mauvaise idée. Car, au-delà des déclarations féminines parfois contradictoires, eux sentent bien que ce petit territoire de l'intimité a quelque chose de spécialement inviolable. « J'avoue n'avoir jamais osé effectuer une visite en règle : ce sac ne m'appartient pas, et j'ai aussi de l'appréhension pour une expédition qui recèle peut-être des dangers [1] ». Même quand aucune interdiction n'est proférée ils flairent l'interdit, et se gardent de plonger la main dans le sac. Sauf quand la femme le leur demande expressément.

« Clémence, je ne trouve pas les clés de la voiture, elles ne sont pas dans la boîte de l'entrée ?
— Prends-les, elles sont dans mon sac à main [2] ! »

Alors seulement la main s'autorise à plonger, avec d'infinies précautions. Car le contact des choses, du bout des doigts, lance un message totalement inverse. Le plus troublant est cette demande de la femme, comme si de rien n'était, en opposition absolue avec les sensations éprouvées. Où donc est la vérité ? Amélie avait posé son sac, le plus naturellement du monde, grand ouvert, entre elle et Andy, son coach d'entreprise, sur la petite table ronde. Andy lui demanda de fixer une date pour la prochaine séance. « Elle sort un agenda en cuir, glisse sa main au milieu des objets, retire un livre, déplace un miroir, un rouge à lèvres… Je regarde la scène, silencieux et interloqué. Je me sens gêné par cette intimité soudaine. Et surpris de ma gêne[3]. » Normalité banale d'objets très ordinaires ou profondeurs remplies de significations invisibles ? Dans le doute qui l'habite, Andy est au cœur du mystère des secrets impalpables.

Bien que lancinante, l'énigme n'empêche quand même pas les hommes de dormir. C'est juste un petit mystère, comme il en est tant dans la vie. Et puis, ils ont une parade mentale, la même que du côté féminin : ils réduisent l'espace du secret à quelques objets bien identifiables. Il y aurait (peut-être) là-dedans des choses pas très présentables, des secrets en bonne et due forme, des preuves d'existence de jardins privés quelque peu illicites, voire des indices d'une trahison amoureuse.

Régulièrement, surtout dans l'imaginaire (le passage à l'acte est plus rare), une rage soudaine les prend de fouiller le sac. La chanson, à nouveau ici très expressive, traduit bien ce rêve masculin. Bénabar lance un véritable cri de victoire : « *J'le tiens, j'ai réussi, je procède à l'autopsie*[4]. » Renaud est encore plus excité :

> *En cherchant les clés d'l'auto*
> *J'ai fouillé comme un salaud*
> *Dans ton sac*
> *J'ai mis un sacré boxon*

J'ai tout chamboulé dans ton
Bric-à-brac
C'est pas des plus élégants
Ça r'ssemble à un mauvais plan
Une arnaque
J'voulais connaître tes secrets
Au risque de me manger
Quelques claques[5] »

De vrais secrets, inavouables, il ne va pas en trouver. Qui sait, ce numéro de téléphone griffonné sur un bout de papier ? Mais c'est peut-être tout bêtement celui de son coiffeur ? Il va par contre découvrir tout autre chose…

Parce que les femmes le leur font inconsciemment comprendre sans le dire, les hommes sentent que le sac a quelque chose d'interdit, une sorte d'âme étrange. Mais ils sont troublés quand certaines autres femmes (ou parfois les mêmes), parfaitement convaincues et sincères, leur affirment que non, clairement non, il n'y a aucun secret. Et que le seul mystère est justement que les hommes croient qu'il y en ait un ! LaNe est presque agacée par ces circonspections masculines.

« C'est bizarre, ces garçons qui ont peur de fouiller dans le sac d'une fille. J'ai envie de vous dire, de quoi avez-vous peur, chers garçons ? D'une découverte étrange sur notre nous intime ? D'un string à pompon surprise qui vous sauterait à la figure ?

« Rien de tout ça, dans le sac d'une fille. Nous sommes des êtres normaux, après tout. Dans mon sac à moi, il y a aussi des trucs de filles, bien sûr. Un miroir, une lime à ongles, un stick à lèvres, un paquet de mouchoirs. Et puis des trucs qui pourraient servir à n'importe qui : un iPod, un bouquin, des tickets resto, un parapluie. Rien de folichon, donc. Qu'on m'explique alors ce mystère qui flotte autour du contenu du sac des filles ! Cette pudeur des garçons à fouiller dans nos affaires. Mes lectrices, cachez-vous des choses indécentes dans votre Sequoia ? Mes lecteurs, avez-vous découvert des secrets d'initiés dans le Manolo de votre copine ? Je cherche à comprendre, mais j'avoue, je sèche là[6] ! »

Elle lança donc un grand débat sur son blog, pour tenter de lever le mystère. Et comme toujours, la recherche, ratant sa cible, se focalisa sur quelques objets peu présentables. En particulier ici les tampons féminins, qui enflammèrent les discussions et furent analysés sous toutes les coutures. Certes je reconnais que la question de savoir si les tampons renvoient à un fait de nature ordinaire, ou ressortissent d'une zone élémentaire d'intimité devant se soustraire aux regards, peut ouvrir des horizons de réflexion philosophique insoupçonnés. Mais là n'est pas le problème, le mystère est ailleurs.

S'inscrivant en faux contre les affirmations de LaNe, François avait osé dire qu'il n'était pas d'accord : son expérience lui prouvait que de nombreuses femmes « ne veulent surtout pas qu'on ouvre leur sac : "Non mais t'es fou, on touche pas au sac d'une fille !" ». LaNe ou Sabrina ne représentent en effet qu'une petite minorité. La plupart des femmes sont tout simplement horrifiées à l'idée qu'une main (étrangère ou même familière) vienne fouiller dans leur sac. Elles ont souvent un peu de mal à expliquer la force de ce réflexe de protection. Écoutez Valmontine. « Rien de si extraordinaire en définitive dans mon sac et pourtant, l'idée qu'un(e) inconnu(e) le fouille, ait accès à son contenu, me rend malade. Comme si il ou elle allait lire dans mes pensées, comme si cela me rendait vulnérable. La force de Samson était dans ses cheveux, celle de Dalila est dans son sac. » Même le chéri d'Alexa n'a pas le droit d'y glisser sa main. « Malheur à qui s'en approcherait !!! Non, interdit de mettre la main dedans, jamais je ne l'autoriserai ! Même mon chéri, qui est le plus doux de tous les chéris et le plus respectueux de tous les hommes, n'a pas droit de cité dans mon sac à main. Un jour, il y a glissé sa mimine pour y attraper mon porte-monnaie, mon sang n'a fait qu'un tour ! »

Qu'y a-t-il donc de si secret dans un sac ? « Pas de grands secrets mais des objets très perso, que la plupart des hommes jugeraient inutiles, sans intérêt (et pourtant tellement vitaux à nos yeux) », m'écrit Véro. L'homme qui s'avise de fouiller un sac sera à coup sûr déçu, ajoute Noisette. Pas de découverte fracassante à attendre. Mais, précise-t-elle, on n'imagine pas qu'un sac puisse être transparent. Il y a, tout simplement, des choses un peu intimes qui doivent éviter de trop se montrer. Valmontine cite à nouveau les protections féminines, qu'elle cache dans une pochette opaque, bien fermée, au fond du sac. Aucun mystère fondamental donc, juste un peu de discrétion. « Il n'y a aucun mystère je pense, confirme Sidonie, mais notre sac reste malgré tout notre intimité. En tout cas pour ma part. Oui, nous aussi nous nous baladons avec des préservatifs, des tampons, une pince à épiler ou autre. Et nous ne voulons par forcément qu'une personne y accède. » Excusez-moi, chère Sidonie, mais je pense qu'une pince à épiler et un préservatif ce n'est quand même pas tout à fait pareil ! Ne pensez-vous pas, sans parler de mystère, que le préservatif livre malgré tout quelques renseignements sur votre vie très personnelle ?

Et ce qui semble évident pour le préservatif est peut-être vrai aussi pour des objets apparemment plus anodins : chacun à sa manière fournit une bribe d'information sur le monde qui est le vôtre, les valeurs qui vous animent, ce qui compte pour vous dans la vie. « Au fond de mon sac je n'ai pas de véritables secrets mais plutôt des coups de cœur ou des bonheurs :

— tous les appels que j'ai donnés aux personnes qui me sont chères

— les moments privilégiés avec mon amoureux (restaurant…)

— les rendez-vous avec mes copines pour faire du shopping, une pause thé…

— mes tranches horaires réservées au bien-être (soin visage, coiffeur…), au sport…

— mes sorties cinéma…

Mon sac est "personnel", et il est interdit de fouiller dedans. La part cachée au fond de mon sac est une partie de ma féminité, de ma personnalité, et je pense aussi de mon côté vulnérable. » Cathe parle de son « côté vulnérable », et cela me semble important. Nous verrons en effet à quel point le sac représente une arme contre les faiblesses et les risques de toutes sortes, révélant de ce fait les failles intimes et les peurs pour qui analyse son contenu. Or nous n'aimons guère montrer nos carences et nos angoisses, et ceci est bien normal dans une société où chacun doit défendre son image. Le dedans du sac est un petit monde à soi, rien qu'à soi, sans fards, hors de la vue et du jugement des autres, loin des apparences et des convenances obligées. Helen déteste que l'on fouille dans le sien. Lorsque – rarement – elle se trouve dans une situation telle qu'elle ne peut l'éviter, elle tente de se remémorer le contenu avant de donner son autorisation : « Y ai-je caché un petit mot doux de mon amoureux, un tampon, un vieux chewing-gum mâché roulé dans un papier, un kleenex usagé ? »

Des petits secrets assez simples, mais qui portent tout un univers, très personnel. La main qui s'avise soudain d'y pénétrer produit donc logiquement une fréquente et violente réaction de défense. Alexa parle de cette intrusion comme d'un « mini viol », qui peuple ses cauchemars : « Que quelqu'un me le vole et fouille à l'intérieur… quelle horreur ! J'en serais malade. » Kathryn Eisman généralise le propos : « Seul un fou oserait jeter un œil à l'intérieur du sac d'une femme. C'est un lieu de mystère, la dernière frontière de l'intimité féminine. Un coup d'œil à l'intérieur du sac d'une femme est un coup d'œil à l'intérieur de son âme[7]. » Anna Johnson note que certains psychologues n'ont pas hésité à aller encore plus loin, en suggérant que les hommes pourraient percevoir le sac comme une métaphore du vagin. Hans Jürgen Eysenck rapporte même le cas d'un patient, spécialement dérangé, un véritable obsédé sexuel des sacs, excité par leur forme évocatrice.

Je n'irai cependant pas dans cette direction, quelque peu anecdotique, et qui rate à nouveau l'essentiel. Car le cœur du mystère ne se trouve ni dans les excès ni dans les transgressions, mais dans l'ordinaire du petit monde rien qu'à soi.

Les enfants le sentent à leur manière. Le sac de maman est à la fois proche, omniprésent, et énigmatique, interdit. Il est elle, infiniment elle, dans les replis de ses profondeurs. Et pourtant intouchable, ou alors avec d'infinies précautions. Melody, cinquante ans, s'en souvient comme si c'était hier. « Ma mère n'aimait pas que je fouille dans son sac. Aussi, quand elle avait besoin de ceci ou cela, je le lui apportais en le portant comme quelque chose que je ne devais pas toucher. J'avais remarqué qu'il était toujours bien plein, même, souvent, elle ne pouvait pas le fermer. » La romancière Carol Shields se revoit petite fille. Les impressions procurées par la chose avaient été si fortes qu'elle parvient à en restituer les moindres détails. « Il était gros, noir, agressivement froncé, avec un fermoir enchanteur, incrusté d'ambre, en forme de deux petits perroquets jumeaux. L'intérieur, d'une chaude couleur sombre, gardait des senteurs de parfum et de cuir – du veau probablement – et un mouchoir de coton, imprégné de "Soir de Paris", tout froissé dans un angle[8]. » L'objet est pour l'enfant une sorte d'animal étrange, familier et inconnu. Mahina lui avait donné une place de choix dans les histoires qu'elle se racontait ; il était une poule. « Je l'avais baptisé sa "poule". Parce qu'en cuir marron, de taille moyenne et de forme indéfinie, il s'affaissait et s'arrondissait légèrement lorsqu'elle le posait à côté du petit meuble du salon, au coin de la porte de sa chambre, donnant l'impression d'une petite poule occupée à couver là, à même le carrelage. Et lorsque par mégarde elle l'avait posé ailleurs, c'était effectivement l'affolement dans le poulailler, son stress nous électrisait tous.

« C'était un sac à bandoulière, sans poignée ni rabat, qui sentait "Maman" quand on l'ouvrait. Son contenu mystérieux était masqué sous un mouchoir en papier posé en vrac par-dessus. Du fin fond de ses entrailles, Maman extirpait porte-monnaie ou chéquier selon les démarches en cours, et son stylo feutre préféré, parfois un carnet de croquis – surtout en voyage, circonstances qui pouvaient aussi faire apparaître le plan guide de Paris et *L'Officiel des spectacles* – et de temps à autre, un bâton de rouge à lèvres… »

Il peut paraître curieux que les enfants, comme les hommes, aient un avis plus prononcé sur le mystère des sacs. Ils ne disent pas plus, les femmes savent expliquer bien davantage. Mais de façon confuse, car elles ont un rapport foncièrement ambivalent avec leur sac. Il est l'objet d'un attachement sans bornes, de folies d'achat, de crispations sur les lanières dès qu'un danger menace, comme s'il recelait le trésor des trésors, le cœur du soi intime, tous ses secrets. Et en même temps il est occulté dans toutes ces dimensions sublimes, continuellement banalisé, traité comme un vulgaire ustensile devant savoir se faire oublier. Au point d'être soudain relégué dans les endroits les moins recommandables, sous la table où s'accumulent les poussières, sur le carrelage des toilettes d'un bar incertain où il ramasse un maximum de bactéries. Au point aussi de s'offrir béant à la convoitise du pickpocket de passage, alors que le vol de la précieuse sacoche nourrit pourtant les cauchemars. Mahina reste encore aujourd'hui marquée par le petit drame de la louche en argent. « Pensant que posséder, par l'accident d'un héritage, une louche en argent était dangereux à la maison, maman mit l'objet dans sa "poule" pour l'apporter à la banque. Le manche dépassait un peu, l'objet n'était plus là à l'arrivée. »

LaNe ou Sabrina ne font qu'exprimer plus fort un comportement ordinairement répandu : la dénégation du mystère, pour vivre le quotidien avec fluidité, sans se poser trop de questions. Il arrive même que de vrais secrets en bonne et due forme (car il en existe aussi !), qui devraient rester scrupuleusement cachés, finissent également par être banalisés de la sorte. Comme beaucoup de femmes, FashionMama conserve jalousement dans son sac un objet à moitié grigri, à moitié souvenir. Nullement dissimulé. Un vieux bout de papier griffonné. « Un petit mot secret REMONTE-MORAL. Je le lis dès que j'ai un léger coup de blues, il a été écrit par mon meilleur ami du lycée que j'ai perdu de vue, écrit « pour de rire », m'avait-il dit…

Après tout ce temps, comment ai-je osé, excuse-moi
Pour toutes ces journées où j'ai trop pensé à toi,
De temps en temps, je crois qu'on en a le droit
Mais à ce point, je sais bien que cela ne se fait pas
Détrompe-toi ma petite L..., ces quelques mots sont
*   [tout sauf innocents*
Plus que pour ton plaisir si je t'ai offert ce présent
C'est parce qu'à chaque fois que tu voudras le regarder
Je serai le seul à être dans tes pensées[9].

La lecture du poème lui fait à chaque fois un bien fou. FashionMama est mariée, mère de deux jeunes enfants. Elle ne pense pas à mal, d'autant que son ex-soupirant-poète n'est plus qu'une abstraction ; rêve et papier. Pourtant les émotions sont là, secrètes et vibrantes ; contrastant avec la grisaille de ses moments de déprime.

2. Les petits papiers

FashionMama nous introduit dans le monde des petits papiers qui se cachent au creux des sacs. Des papiers de toutes sortes, lectures ou écritures, fonctionnels ou intimes, innombrables. Certes, des appareils électroniques, développant de nouvelles formes de lecture et d'écriture, sont de plus en plus censés les remplacer. Mais les papiers résistent si bien que les nouveaux appareils se surajoutent, gonflant encore le sac alors qu'ils étaient supposés l'alléger.

Il y a des bouts de papier véritables, plus ou moins griffonnés ou chiffonnés. Mais aussi des calepins, des cahiers, des livres, des magazines. Des papiers-utile et des papiers-souvenir, des images, des photos. Jamais rangés par catégorie. Car le joyeux mélange est un peu l'âme même du sac, ce qui lui donne plus d'ampleur et d'intensité. Voici pour l'illustrer deux histoires de mélange, deux portraits de sacs très centrés sur les papiers. Le premier nous est conté par Mila. Elle a placé sa vie sous le règne de l'écriture et de la lecture ; il est donc logique que toutes sortes de papiers l'envahissent. « Il y a dans ce sac un cahier où j'ai recopié tout le livre de Job lors de ma première hospitalisation, un autre beau cahier où je note toutes les belles idées que je glane par-ci par-là, des livres à lire, des dictons qui me plaisent... Une bouteille d'eau minérale d'un litre et demi, des tonnes de paquets de Kleenex, un tube détachant car je me tache souvent, une petite bible, un bouquin, un magazine, une crème pour les mains, un rouge à lèvres incolore, une pochette où je garde tous les bouts d'articles que je veux approfondir, un cahier magnifique où j'ai un tas de notes sur une conférence à laquelle j'ai assisté, une pochette indienne où sont réunis mes cartes et mes chéquiers, mon portable, mes clés, et puis mille autres petits cadeaux porte-bonheur que je garde depuis des années... »

Zoé est beaucoup moins intello ; plutôt fashion victime. L'inventaire commence donc par les cartes de crédit ou de fidélité, les billets de banque (trop souvent absents) et les factures. Mais ceci ne suffirait pas à remplir son sac, qui s'alourdit surtout d'affection et de mots de tendresse. Il y a souvent beaucoup d'amour dans les petits papiers des femmes. « On y trouve un porte-monnaie *"born to shop"*, et puis un porte-billets toujours vide sauf pour les étrennes, une petite pochette en cuir avec ma carte de crédit, des notes, un jeu de cartes divinatoire, et puis une pochette en tissu achetée aussi aux puces, qui contient mes deux mille cartes de fidélité, mes notices découpées dans les pages des magazines, un mot doux de mon amoureux du début de notre rencontre, une carte de fête des mères, un dessin de ma seconde fille. » Les factures, elles, ne sont pas rangées dans la belle pochette en tissu achetée aux puces. Car le courrier, « qui m'agace et que je ne veux pas ranger » (on comprend pourquoi) est mis dedans en vrac, sans toujours être ouvert, et « traîne dans les espaces encore libres de mon cabas ».

Ces trésors (et problèmes) sont à portée de main. Le sac est le compagnon des temps creux. Il suffit à Zoé de l'ouvrir pour trouver prétexte à s'évader en rêve, revivre une émotion… ou réfléchir aux échéances de ses dettes. Bien qu'elle ne soit pas une fanatique de l'écrit comme l'est Mila, elle aussi a un cahier dans lequel elle crée une sorte d'œuvre discrète. « Mon grand agenda, avec mes rendez-vous, mes phrases du jour, mes mots glanés au fil du vent, les accroches des conversations des passants, mes citations de bonheur. » Hanouk préfère le format de son petit carnet, où elle note ses sentiments et ses observations. On ignore trop à quel point le sac permet un travail d'écriture. Grâce à lui beaucoup de femmes se vivent un peu artistes.

S'il y a trop de vie dans un sac pour que les objets y restent sagement rangés, une astuce permet de conjurer le désordre excessif : les pochettes qu'on y glisse (trousse de maquillage, petit nécessaire d'urgence, etc.). Une option courante est d'adopter une pochette « financière », avec carte de crédit, billets de banque et chéquier. Mais la majorité reste fidèle au bon vieux portefeuille. Car avec tous ses plis et replis, il cache au plus profond bien d'autres choses que le strict utilitaire. Il est une sorte de petit sac (spécialisé dans les papiers) à l'intérieur du sac. Et comme ce dernier il adore les mélanges. Il est à lui seul tout un monde, pétri de souvenirs et d'émotions. Ninon se livre à une véritable autopsie, systématique et précise.

« Il est en cuir, noir, monstrueux en son volume (je n'ai jamais essayé de le fermer). Le seul objet vraiment intrigant dans mon sac, parce que secret, c'est le portefeuille. Je vais tout vous dire. Pour vous, je suis en train de l'ouvrir.

« Voilà, il est béant, le gros : à gauche, un ticket de métro, sept cartes de fidélité. Au-dessus, une pochette avec pression, et dedans : un autre ticket de métro (erreur d'aiguillage !), une photo d'identité de maman, avec au dos, son nom et son adresse (pourquoi ?), et une toute petite image pieuse, cadeau d'amour et de protection de ma tante Miminette chérie.

« Du même côté, entre les plis : les papiers de la voiture (pourrie, la voiture !) et le permis de conduire (rose et vieux). Puis une masse assez importante de photos de ceux qui comptent, ont compté, et compteront. À droite, en face, une pochette avec des billets de théâtre (à venir, chouette !) ; quelques cartes de visite ; une carte postale de Carnac (chut : la mer, la mienne) ; une photo de ceux qui furent mon chat et ma chienne, Minouchet et Scarlett, les poils l'un dans l'autre.

« Dessous, protégées par la fermeture éclair, les cartes officielles et citoyennes : identité, vitale, mutuelle, sanguine, électorale, bancaire ; tout ce qu'il faut pour ne pas être miséreux.

Tout en dessous, la fente secrète contient une carte postale si fatiguée, couverte de neige, avec au dos les deux mots magiques, « Je t'aime » ; en compagnie d'une photo d'identité de leur auteur. Et deux charmantes et folles lettres de "Bonne fête Maman !" de mes deux garçons ».

Le portefeuille est souvent du côté du passé ; il adore la douce nostalgie des souvenirs. L'avenir est ailleurs, surtout dans les listes, libres voyageuses dans le sac, ou rangées dans un cahier spécial (ou, de plus en plus, dans un agenda électronique). Ah les listes ! Heureusement qu'Umberto Eco leur a donné leurs titres de noblesse. Car elles développent en effet une véritable forme littéraire, où se mêlent la mélodie des énumérations et le vertige de l'infini.

Les listes aussi sont une œuvre minuscule. Certaines d'ailleurs ne se réaliseront jamais, d'autres sont reco-piées et raturées de liste en liste comme par pure passion de l'écriture, dans une sorte de jeu avec le temps et le réel. Elvie témoigne : « Je les trie, j'en supprime, et je les accumule. Ça fonctionne par plages de plusieurs mois. Je crée des listes, j'accu-mule, j'ai des listes en doublon, je les oublie, je les retrouve, je barre ce qui a été fait, satisfaction... Je rajoute une ligne sur la liste, je les oublie de nouveau, je les retrouve, j'en trouve une obsolète, je la jette, j'en rajoute une autre. » L'ambition ultime est cependant très haute. Elle est d'agir sur la vie, de mettre en forme un demain imaginaire. Et cette secrète audace prométhéenne se niche elle aussi au creux du sac ! Listes mélangées à d'autres papiers bien sûr, porteurs de souvenirs et d'émotions. Elvie pourrait être placée très haut dans cet art particu-lier ; qui sait si elle n'en est pas la reine ? Voici ce qu'on trouve dans son gros agenda, son « doudou rassurant » dans lequel elle a « toujours quelque chose à lire ou des idées à ajouter » :

« — 1 liste d'idées cadeaux pour des gens que j'aime

— 1 petite fiche "comment régler un problème avec quelqu'un"

— 2 adresses de galeries à visiter

— 1 poème que ma grand-mère a écrit, et que j'ai lu à son enterrement

— 1 liste de courses pour la maison du bord de mer

— 1 *Pomme d'Api parents*, article sur "Les frères et sœurs, ils s'aiment, ils se détestent"

— 2 photos de mon compagnon avec mon fils

— 1 page avec marqué "Important" et "Qu'est-ce que représente notre fils pour nous ?"

— 1 feuille avec marqué "À faire, idées de créations"

— 1 feuille avec marqué "Commande créations"

— 1 feuille avec marqué "L'idée de soi : que puis-je faire pour aller au bout de mes désirs ?"

— 1 feuille avec marqué "À faire" (une autre liste)

— 1 feuille de compte rendu de réunion avec la maîtresse de mon fils

— 1 feuille avec la liste des produits dangereux dans les crèmes de beauté, les conserves…

— 1 dessin d'Egon Schiele (une mère et son enfant)

— 1 autre liste de ce que j'ai à faire. »

Le sac est le compagnon intime, qui aide à penser à soi et à envisager l'avenir. Nous verrons qu'il a aussi des fonctions plus utilitaires. Il permet notamment de « mettre dedans » tout ce que l'on ne sait où mettre ou qu'on n'a pas le temps de ranger. Le geste a quelque chose de magique, comme s'il permettait d'effacer instantanément les problèmes et les doutes. Frida a l'habitude de faire provisoirement disparaître ainsi tous les papiers déplaisants : factures, contraventions. En se disant qu'elle verra bien plus tard. Mais le procédé vaut aussi pour les papiers porteurs d'émotions beaucoup plus agréables. Le sac stocke toutes sortes d'événements en attente. Avec mention spéciale pour les numéros de téléphone.

Certes il peut s'agir du numéro du coiffeur ou du dentiste ; mais alors l'indication est souvent signalée. S'il s'agit d'un bel inconnu au contraire, le bout de papier est mis dans le sac sans autre commentaire. L'impression est si forte sur le moment qu'il semble évident que toujours le numéro évoquera ce visage. Hélas une émotion chasse l'autre et la mémoire est vite infidèle. Ce qui avait été le début d'un émoi se meurt désormais au fond du sac. Ayant perdu toute signification, le bout de papier y traîne son inutilité et ne provoque plus que du désordre.

Au petit matin, Lucas (elle apprit qu'il s'appelait ainsi) la ramena dans sa belle voiture. « Une Morgan rouge. La classe ! J'accepte donc de prendre son numéro de portable et de le revoir. Et en arrivant chez moi, je constate que j'ai déjà pas mal de numéros de téléphone dans mon sac à main. Mais j'ai oublié de noter les prénoms qui les accompagnaient. Je jette donc tous ces chiffres anonymes à la poubelle [1]. »

Tel est le destin des bouts de papier. S'ils sont trop libres, ils risquent de finir bien vite à la poubelle ; alors que glissés dans les plis du portefeuille, ils peuvent y rester toute une vie. Les petits cailloux n'ont pas ce problème ; même jetés en vrac ils peuvent demeurer là une éternité. Les cailloux sont peut-être ce qui permet le mieux de saisir l'âme du sac des femmes.

3. Porter des cailloux

Des cailloux dans un sac ? Oui ! J'ai trouvé beaucoup de cailloux dans le sac des femmes. Mais pourquoi, direz-vous, porter pendant des années ces roches qui doivent quand même finir par peser ? Quelle est donc l'utilité de la chose ? Vous n'aurez rien compris au sac des femmes si vous ne pensez qu'utilité ! Je vous l'ai déjà dit : il y a d'abord et avant tout des émotions et des souvenirs, tout un monde affectif et relationnel. Et on ne calcule pas l'affection. Peser l'amour n'a aucun sens.

Les cailloux sont comme les images ou les mots doux : ils sont récoltés un jour, presque par hasard, au coin d'un ravissement qui fait chaud au cœur. « Mis dedans » pour faire pièce au temps et marquer ce bonheur. Puis laissés là, évidents désormais, tels des objets sacrés. Car on ne jette pas des objets sacrés. Rose entretient le culte quand elle redécouvre pour la millième fois ces « mots de tendresse de mes enfants qu'ils m'ont laissés un jour sur la table ou sur mon oreiller avant de partir de la maison ». Les photos des proches sont les icônes préférées. Elles ont remplacé les images de saints ou de la Vierge. Au début du XXe siècle, le sac à main des dévotes allant le dimanche à la messe, noir et strict, ne renfermait que bien peu d'éléments ; un mouchoir, un peigne, un missel et des images pieuses[1]. Le mari, et surtout les enfants, sont devenus les nouveaux sujets de l'adoration ; leurs photos sont le viatique de notre époque.

Les cailloux sont comme les images ou les mots doux ; leur poids n'a aucune importance au regard de ce qu'ils véhiculent. Seul compte l'amour des siens, la vibration d'un souvenir, la beauté d'un moment. Un vieux mouchoir, une lettre, une bague, un hérisson en peluche ou une pierre d'obsidienne ? Il n'y a aucune différence de pesanteur puisqu'elle est ignorée, sublimée. Le mouchoir rappelle à Cellachipie une histoire sentimentale ancienne. La lettre dont nous parle Emma est spécialement forte et particulière. « Je la garde toujours dans mon sac. Une lettre de réconciliation d'une personne très chère, écrite pour moi vingt-quatre heures avant sa mort à l'âge de trente-sept ans… Je vis ainsi apaisée en me disant qu'à quelques heures près, j'aurais pu vivre avec un chagrin éternel. » La bague de Sidonie, cachée au fond du sac, est un grigri lui aussi très relationnel. « Elle m'a été offerte par ma mère, avec qui je suis en froid. Elle me permet de garder espoir. » Le hérisson en peluche trimbalé par Lilou lui a été offert par son mari et ne la quitte jamais. « Cela me rapproche de lui. » La pierre d'obsidienne, un « cadeau amoureux », représente deux cœurs enlacés. Ninon plonge souvent sa main dans son sac pour la caresser, « d'une manière sensuelle si agréable que je peux la rouler longtemps sans me lasser », comme si les sentiments revivaient, charnellement, au bout des doigts. Les pierres ne pèsent plus dès qu'elles se transforment en (nostalgiques) pépites de bonheur. « C'est un sac d'amour ordinaire. Il n'y a pas de haine dans ce sac-là. Il n'y a que du temps qui passe et laisse des traces. De petites pépites pour le souvenir. »

Des pépites pour le souvenir, Cabiria n'en manque pas, c'est le moins qu'on puisse dire ! Son sac est un interminable poème d'objets qui racontent sa vie. « Une petite toupie qui tourne bien (pour jouer avec les enfants). Deux petits dés (j'ai perdu le troisième). Une pochette d'allumettes avec ma photo, il y a vingt ans, au Portugal… (j'étais jolie !) Un petit livret-pin's : *Déclaration des Droits de l'Homme*, édité en 1991 par Amnesty. Un bout de papier déchiré, avec "maman je t'aime". Un mini flacon de parfum… parce qu'on n'sait jamais ! Un petit caillou joli. Un bouchon de Blanquette de Limoux trouvé à la porte d'un motel en Virginie. Un cartouche médaillon avec mon prénom en hiéroglyphes. Un petit savon à la violette offert par une vieille Américaine le jour où nous vidions nos

sacs (au sens propre) faute de pouvoir communi-
quer ! Une petite poupée russe (2 cm). »

Les objets au fond du sac relèvent de catégories
diverses. Si les pépites de souvenirs et les icônes
amoureuses dominent, il existe aussi beaucoup
d'éléments au statut affectif ou relationnel plus
indéterminé, des reliquats de moments d'intensité
depuis oubliés, et même des choses mises dedans on
ne sait plus trop pourquoi et laissées là depuis. La
romancière Jean Buffong raconte l'histoire de sa
noix de muscade. Alors qu'elle était encore une très
jeune fille et que son soupirant l'attendait pour la
conduire à une soirée, elle glissa une noix de
muscade dans son sac en passant par la cuisine. Un
geste sans raison, comme ça. Et depuis de si longues
années, la noix de muscade est restée, au plus
profond. Il serait impossible de la jeter sans
commettre un indéfinissable sacrilège. Dorothée[2]
avait ramassé un galet sur la plage d'Elseneur. Percé
d'un trou énigmatique, elle le mit dans son sac en
pensant qu'elle pourrait le transformer un jour en
porte-clés. Depuis il est demeuré à l'état sauvage,
dans les profondeurs du sac, régulièrement palpé
pour sa si sensuelle surface lisse.

Les objets qui imposent leur présence au fond du
sac prennent avec le temps une connotation
magique. Même le « petit caillou joli » de Cabiria,
ramassé un jour simplement parce qu'elle l'avait
trouvé adorable. Il suffit que leur présence se fasse à

la longue évidente pour qu'il devienne difficile de s'en séparer. À plus forte raison pour les grigris et porte-bonheur explicites. Dorothée ne renoncera jamais à sa médaille de saint Christophe. « Plutôt que de la perdre, je préférerais perdre mon passe-port, et mille fois[3] ». Naouel se sent déchirée entre les traditions de sa campagne d'origine et l'image de femme moderne qu'elle voudrait donner. Elle ne montrerait pour rien au monde, à un Européen de passage, l'Ayat el Koursi, la poche de sel et le petit bout de musc[4]. Les fétiches et talismans étaient autrefois arborés haut et fort. Ils sont désormais blottis au fond des sacs. Et y restent, même quand leurs pouvoirs ne font à l'évidence aucune merveille. « Quant à mes petits porte-bonheur je les ai gardés, même si je dois reconnaître qu'ils ont plus un statut de souvenir que de porte-bonheur, étant donné les malheurs, les pleurs et les peines qui ont jalonné ma vie depuis ces dix dernières années. » Mila explique que c'est d'ailleurs pour cette raison – les pleurs et les peines – qu'elle a autant de paquets de mou-choirs. Les porte-bonheur n'empêchent pas d'être prévoyant.

4. La femme porteuse

« J'ai été contente d'en avoir quand une femme en face de moi s'est mise à pleurer dans le métro ! » Mila ne regrette pas tous ces mouchoirs dans son sac. Cela peut toujours servir, cela peut toujours aider. Une inconnue, un ami, un membre de la famille. Cabiria garde précieusement sa petite toupie, susceptible de provoquer le rire d'un enfant. Angèle, qui n'a rien d'une buveuse de vin invétérée, transporte un tire-bouchon. Apolline propose généreusement quant à elle tout un catalogue. « Je suis souvent mise à contribution dans mes différentes activités, pour un dépannage en Doliprane, ou cigarettes, ou gommes à mâcher. Et j'ai souvent entendu : "Va demander à Apolline, elle a toujours tout ce qu'il faut" !!! Toute ma vie, je me suis dévouée pour ceux que j'aimais. »

Les femmes sont des êtres relationnels, beaucoup plus relationnels que les hommes dans l'univers des proches et de la famille. Elles se donnent corps et âme pour aider, soigner, aimer leur petit monde. Et tout cela peut se lire dans leur sac. Par les pépites de souvenirs, qui gardent au plus près la mémoire des amours présentes et passées. Et par toutes ces choses qui pourraient un jour être utiles. Porter pour les autres n'est pas vécu comme un sacrifice puisque c'est par amour. Il arrive même que ce rôle soit sciemment recherché pour son côté valorisant. Solena a commencé ainsi sa carrière de porteuse exceptionnelle. « Jeune, j'aimais bien me faire mousser : quoi qu'on ait besoin autour de moi, j'avais toujours une réponse dans mon sac. Cela allait de tout le matériel basique, et des trucs et des machins, de l'alimentaire, des sachets de thé froid… jusqu'à une phalange humaine datant de 1500 ans (mais ça, c'est autre chose). Ensuite j'ai eu ma fille et tout ce qu'il faut trimbaler avec un enfant. J'ai toujours ployé sous le lourd. »

Lorsque l'enfant arrive, le rôle de femme porteuse se précise. Car dès que le ventre diminue, le sac gonfle. Toutes sortes de nouveaux objets l'envahissent désormais : peluches et biberons au début, puis jouets divers ou biscuits plus ou moins écrasés. Les jeunes mamans ont de gros sacs, au contenu caractéristique. Dans celui d'Odile, un biberon, une bavette « pour les petits dégâts », des pansements, des mouchoirs. Dans celui de Magoo[1] « un paquet de biscuits entamé que Crapouillou n'a pas fini ». Dans celui de Nane[2], « le doudou et la tétine

d'Enzo, la tétine d'Anaïs, une bavette pour Arthur ».
Dans celui de Marjoliemaman [3], « la paire de fausses
Converse de Kouign Amann, car monsieur les jette
par-dessus bord quand on se balade en poussette.
Une mini-serviette "Jeux Olympiques" pour essuyer
tout ce qui peut sortir de la bouche et du nez de
Kouign Amann. Une étoile en plastique rose qui fait
marrer mon fils et que j'oublie de sortir de mon
sac ». Dans celui de Seveuhreen [4], « un album de
jeux/coloriage et mini crayons (pour occuper
Loulou partout où nous allons). Une voiture Subaru
(pour les mêmes raisons) ».

Elvie dresse l'inventaire :
— 2 papiers de bonbons
— 1 paire de gants de mon fils
— 1 porte-monnaie pour les dépenses de la
maison
— 1 porte-monnaie pour mes dépenses personnelles.

Pas de surprise pour les gants du garçon, ni pour
les papiers de bonbons, sans doute « mis dedans » à
défaut de pouvoir les jeter dans une poubelle. Un
sac c'est vraiment très commode. L'intéressant ici
est la présence des deux porte-monnaie. Le budget
du ménage est donc séparé, et c'est Elvie qui en a la
charge. Dans tous les sens du terme. Car cela pèse ;
en grammes de pièces de monnaie, et en travail
domestique (faire les courses). Dans les objets qui
alourdissent le sac des femmes, il n'y a pas que des

marques d'amour délibérément ajoutées. Il y a aussi le poids des contraintes ordinaires, liées à leur rôle dans la société.

L'homme a donc mauvaise grâce à se moquer des cabas trop remplis, alors que son ironie trop facile est pourtant fréquente sur le sujet. Sous l'humour, il dénonce, il critique. Emma raconte même que son ex s'énervait, ne comprenant pas qu'elle ne puisse vivre plus léger. Or les maris devraient souvent s'interroger sur leurs propres manières de faire avant d'énoncer leurs doctes conseils. Eux ne portent ni les tétines, ni les biscuits, ni les listes de courses ; ou rarement. Et surtout, ils n'hésitent pas à confier en dépôt leur portefeuille ou leurs clés. Noisette a trop entendu la phrase : « Je n'ai pas de poches, tu peux me prendre ça ? » Les hommes sont pour elle comme des enfants. Lorsque c'est un peu, « cette pratique infantile me fait sourire avec indulgence ». Mais trop souvent, cela devient insupportable. Surtout si Monsieur se permet par ailleurs des remarques sur le sac trop lourd ! FashionMama[5] finit par penser « qu'il [la] prend pour son sac à main ambulant parfois » !

Il faut cependant dire à la décharge des hommes que les femmes s'empressent de jouer ce rôle, fières que leur sac puisse être si précieux et servir aussi à ceux qu'elles aiment. Elles mettent dedans ce dont pourrait avoir besoin le mari sans même qu'il le demande. D'autant qu'il est peu prévoyant et, s'il n'y tenait qu'à lui, pourrait sortir ainsi, insouciant, les mains dans les poches. Marjoliemaman[6] pense chaque fois « au paquet de mouchoirs pour Monsieur Mon Mari, qui oublie tout le temps ». Que pèse un paquet de mouchoirs, que pèse un portefeuille ? Rien ! Alexa se sent apaisée après avoir mis les choses à leur place, bien au chaud au fond du sac. « Le plus drôle, c'est que lorsque je me balade avec mon compagnon, lui n'a pas de sac à main, et il tient son mini portefeuille à la main, ce qui est insupportable à mes yeux ! Je trouve ça nul de le voir tenir son porte-cartes et ses clés de voiture dans sa main droite. C'est plus fort que moi, je les lui chipe, et je les glisse dans mon gros sac... Ça ne pèse pas tellement plus lourd. » Qui sait si son compagnon n'a pas intuitivement compris le mécanisme ? Il n'a même pas à demander.

Les hommes sont d'incorrigibles aventuriers, qui n'envisagent guère tous les petits incidents que peut réserver l'avenir. Ils se reposent sur les femmes pour cela. En cas de léger problème : voir dans le sac à main des dames. Et les femmes se laissent prendre à ce jeu, car elles sentent que c'est une façon de renforcer leur surface d'existence. Le sac est à la fois un instrument de soumission et de domination.

Les femmes ont deux modes de prévention des risques par leur sac. Les objets permanents (mouchoirs, aspirine) pouvant servir de manière multiple et indéterminée à soi comme aux autres. Et les scénarios d'avenir plus précis et ponctuels. Nous l'avions déjà vu avec les listes : il y a dans le sac des scripts de vie future. Parfois, des préservatifs par exemple : au cas où une rencontre ravirait les sens et emporterait dans l'élan du désir. L'élan du désir, c'est bien, mais prendre ses précautions c'est mieux. Or il ne faut guère compter sur les hommes pour cela. Ils n'ont pas sur eux de préservatif ? Coco est prête à les excuser : « Normal, ils n'ont pas de sac. » Elle, elle a tout ce qu'il faut dans le sien.

5. « *Mettre dedans* »

Les mouchoirs, l'aspirine, les préservatifs font partie des objets prémédités (récurrents ou occasionnels) : ils prévoient les risques ou tentent d'organiser l'avenir. La gamme de ces audacieux qui rêvent de conjurer le destin est très large. On peut y trouver aussi des sous-vêtements de rechange ou d'un genre différent, voire une arme de défense pour une sortie nocturne. Ils sont des habitués du fond du sac, manipulés par automatisme et reconduits de jour en jour. Ou bien choisis après mûre réflexion, dans l'éventualité d'un événement pouvant survenir. Mais toujours à froid, chez soi, avant que l'agitation de la journée (ou de la soirée) ne commence.

Le sac ingurgite cependant bien d'autres choses, dans un contexte existentiel inversé : non plus pour prévoir les problèmes mais pour les résoudre, ou du moins les effacer provisoirement. Objets qui troublent ou dérangent et dont on ne sait que faire ? Le sac est là, qui apaise aussitôt par ce geste digne d'un magicien : « mettre dedans ». « Et tout disparaît comme dans un trou noir », dit joliment Elija. Tout et n'importe quoi. Des choses qui ne seront jamais dans les inventaires des sacs que l'on vide (seul l'ordinaire habituel est déclaré). Il peut même arriver que le sac serve de dépotoir. Sidonie ose le reconnaître. « L'inavouable c'est que quelquefois ça peut servir de poubelle ! Eh oui quand on se mouche, hop ! dans le sac, ni vu ni connu (après tout on s'en fiche, c'est nous qui mettons la main dedans non ?) »

Les objets les plus divers arrivent donc là. Mais aussi les doutes, les problèmes, renvoyés ainsi à plus tard. Frida y niche ses factures sans les ouvrir. Aucun risque de les oublier puisqu'elles sont dans le sac ; et pour le moment les pensées peuvent rester légères. Que faire de ce projet vaguement griffonné que l'on tient à la main ? Prendre le temps de le développer ? Le ranger (où ?) ? Le jeter ? Nina a la solution toute prête. « Lorsque je ne sais pas quoi faire d'un bout de papier, d'une note, il finit immanquablement dans mon sac. » C'est particuliè-rement le cas des vêtements qui embarrassent. Ou des sous-vêtements (que nous verrons bientôt rejaillir). Quel que soit le contexte du trouble, le sac peut le diminuer en offrant une solution rapide. Dans *Un nommé Unschlecht*, Gerold Späth raconte une scène d'amour ratée. Renata voulait cacher sa nudité au plus vite. Remettre son soutien-gorge devant lui aurait été insupportable : elle l'enfonça dans son sac à main. Tout peut être mis dedans ou presque ; toutes sortes de problèmes peuvent être résolus par la magie du sac. La littérature s'est bien sûr emparée des effets tragiques ou comiques d'une telle situation. Rappelons-nous seulement Oscar Wilde, qui la pousse à l'extrême. Dans sa pièce *L'Importance d'être constant*, Jack se déclare « né dans un sac à main ». Un grand sac évidemment. Car c'est ainsi qu'il fut trouvé bébé à la gare de Worthing.

« Mettre dedans » se fait souvent dans l'urgence, pour résoudre une difficulté. Mais il y a aussi le contraire : le rythme détendu et le pur plaisir de la récolte. Nous croisons tant de choses magnifiques qui mériteraient d'être conservées. Pour en faire quoi ? Ne risqueraient-elles pas d'ajouter encore aux entassements déjà surnuméraires qui nous envahissent ? Le sac permet de les ramasser en attendant de savoir si on doit les garder. Dans la forêt, Melody utilise le sien comme un panier. « J'aime beaucoup tout ce qui me rappelle la nature et je ramasse souvent des pommes de pin, des marrons, de petites branches… J'habite Paris et la nature me manque beaucoup, j'ai besoin de voir qu'elle existe. Je la trouve tellement belle et si parfaite. Oui le sac devient parfois lourd, c'est pourquoi je préfère le porter en bandoulière. » Les pommes de pin et les branches seront jetées plus tard, quand le sac s'avérera vraiment trop lourd. Mais pas la pierre d'améthyste, découverte un jour et conservée depuis. « Pour sa beauté, son appartenance au monde minéral et aussi pour ses vertus. » Cabiria non plus n'envisage pas de se séparer de son bouchon de Blanquette de Limoux, trouvé un jour, à la porte d'un motel en Virginie.

« C'est une cache d'écureuil : on peut y enfourner plein de trucs sans avoir à ranger, sauf quand ça déborde. » Et Pizzicata aime bien jouer à l'écureuil. Le fait que le sac risque de déborder n'est d'ailleurs pas une malédiction. Car cela évite que le geste de « mettre dedans » ne dérive vers l'addiction compulsive. Le niveau pathologique est évité tout simplement parce qu'il n'y a plus de place. Brunette a souvent vérifié ce théorème du sac selon lequel le contenant définit le contenu : « J'ai tout essayé, du géant au petit. Mais je me rends compte que quelle que soit sa taille il est toujours rempli à ras bord et jamais je n'arrive à trouver ce que j'y cherche. » Valmontine prend quant à elle grand soin d'éviter qu'il ne soit trop plein, pour laisser justement au « mettre dedans » une petite marge de jeu. « Mais attention, mon sac ne doit JAMAIS être plein. Il doit rester de l'espace si par besoin ou nécessité je dois y mettre de l'imprévu (achat, pull en trop, écharpe). »

Tout au long de la journée, l'intérieur du sac vit un mouvement permanent. Des objets vont et viennent, souvent oubliés aussitôt qu'ils sont mis, glissant dans les couches profondes. Ils peuvent rester là des heures, des jours, des semaines pour les plus petits. Et puis parfois, inopinément, ils resurgissent par mégarde. Créant l'événement et surprenant leur monde. Comme un lapin soudainement sorti d'un chapeau. En fait ici, jamais de lapins (il y a quand même des limites au « mettre dedans » !). Mais beaucoup de slips, strings et autres soutiens-gorge bondissants. Muriel, qui se dit de « religion bordélique », ayant pris le train, s'était trouvée coincée au milieu d'une famille austère dans un compartiment. Elle tendit la main vers son sac, en quête du magazine « glissé à la diable au milieu de mes petites affaires. Ah, je le tiens ! Mais pourquoi il ne sort pas ? Je tire, je tire : qu'est-ce qui peut bien retenir cet imbécile ? Je tire comme une folle, hop il sort. Et en même temps un soutien-gorge, qui le retenait dans sa bretelle, s'envole façon élastique géant [1] ».

Chacune a son anecdote, qui par la suite devient une bonne histoire à raconter. Avec les petits excès rhétoriques bien compréhensibles des récits maintes fois répétés pour un public conquis (les strings et soutiens-gorge deviennent plus bondissants qu'ils n'ont sans doute été à l'origine). Passons sur les confusions trop ordinaires, ce « genre de situation honteuse que l'on vit grâce à nos sacs : sortir une

serviette hygiénique au lieu de son Pass' métro »
(Sidonie). Et laissons plutôt la parole à Romane
pour nous conter son happening familial. « Une
belle journée de dimanche, j'invite mes grands-
parents à venir goûter à la maison, et dans l'après-
midi, je prends mon sac afin d'y trouver je ne sais
plus quoi d'ailleurs. À peine ouvert, je vois un
essuie-tout dépasser. Je me pose des questions et
sans plus tarder j'ouvre cet essuie-tout qui à
l'évidence contenait un objet non identifié. Et là je
découvre avec effarement le dentier de mon grand-
père, que celui-ci avait délicatement posé pensant
que ce sac était celui de ma grand-mère (eh oui nous
avions à ce moment-là un sac crème en cuir, lui n'a
pas fait la différence, mais moi, si !!!) Voilà pour la
petite histoire, elle me fait encore rire. Vous auriez
dû voir leur tête !! » À nouveau un mari bien à son
aise, qui met tout et n'importe quoi dans le sac de sa
femme.

Avoir une bonne histoire à raconter, c'est bien.
Mais Zoé préfère s'en passer et éviter les mauvaises
surprises. Les objets risquant de créer émois et
désordres sont donc autant que possible soigneusement rangés. « Et puis il y a la poche secrète. J'ai
hésité à vous en parler, mais je vais me comporter en
adulte de trente-cinq ans que je suis. Dans la poche
secrète il y a… une culotte bleue en satin simple,
petite, dissimulable. C'est ma culotte de survie !!!
Vu que je ne porte que des strings, il m'est arrivé

une fois de devoir me déshabiller devant un médecin, et n'ayant pas envisagé cette éventualité, j'ai dû déambuler en string devant son œil radar. Plus jamais ça ! Alors, voilà !! »

Et puis il y a les surprises (les bonnes surprises) que l'on prévoit et que l'on organise soigneusement à l'avance. Alors le sac se transforme en véritable chapeau de magicien d'où mille merveilles peuvent sortir. La féerie opère spécialement pour les anniversaires au restaurant, quand soudain un cadeau apparaît, même d'un petit sac (comme les affectionne Ingrid pour les sorties). « Il en a pris un peu l'habitude maintenant. Mais quand même je le sens qui se dit : "Mais qu'est-ce qu'elle va encore me sortir de son sac ?" » De la magie existe aussi dans des situations plus ordinaires, quand le public, impressionné et ravi, découvre l'infinité des ressources du sac qui, telle une corne d'abondance réparatrice, livre des trésors susceptibles de résoudre tous les problèmes. Impressionné, un mari dresse la liste. « C'est ainsi qu'au fil du temps et suivant les circonstances je l'ai vue sortir de son sac les cartes de famille nombreuse des enfants et leurs photos d'identité, une petite pompe à vélo, des boules Quiès, un appareil photo, du fond de teint, une boussole, un roman d'Exbrayat, de la crème solaire, des tickets de métro, des mouchoirs en papier, un hameçon, du fart pour ski de fond, sans parler de ses carnets de chèques, ses cartes de crédit et sa petite monnaie. Cette liste ne couvre sans doute qu'une partie infime du contenu du sac. On n'a plus l'habitude de crever en voiture, mais nul doute que si cela se présentait elle sortirait un cric[2]. »

6. *Les couches profondes*

Si les objets incongrus ou prémédités peuvent surprendre le public, il arrive aussi que l'étonnement soit strictement personnel. Une chose avait été mise dans le sac, puis oubliée dans ses profondeurs. Et brusquement l'œil la découvre ou la main s'interroge à son contact. Qu'est-ce donc que cela (au cœur d'une familiarité intime que l'on croyait parfaitement connaître) ? Romane est un peu moins surprise, car elle identifie désormais rapidement la matière molle. « Je ressortais un fruit (pomme l'été et clémentine l'hiver), parfois dans un état de décomposition très avancée. Ce qui, faut avouer, n'était quand même pas très ragoûtant. Cela vient surtout de ma peur de manquer de nourriture. » Pour Marion [1], le contact étrange fut froid et métallique. Celui d'un tire-bouchon professionnel, offert dans un bar lors d'une soirée mémorable. On ne se sépare pas si facilement d'un cadeau plein de doux souvenirs. Même si l'objet est parfaitement inutile.

Elle dut cependant s'y résoudre au passage d'un portique de sécurité.

Tout sac qui se respecte a sa hiérarchie interne. Les objets les plus souvent utilisés sont normalement sur le dessus, alors que les autres glissent dans ses profondeurs. Si loin parfois qu'ils finissent par se faire oublier, formant une couche sédimentaire, sorte de royaume ténébreux des petites choses inutiles et délabrées. Un mari intrusif découvre ainsi « une petite cuiller, des forfaits de ski périmés, une agrafeuse sans agrafes, des vieilles clés qui ne servent plus, et même cinq stylos à bille de même couleur [2] ». Le cerveau rationnel qui professerait que cinq stylos de la même couleur sont une aberration n'aurait cependant rien compris. Car, outre que le sac est autant affaire de main que de tête, et que les objets ont un art consommé de la dissimulation, les doublons n'apparaissent vraiment inacceptables qu'un cas de surcharge excessive ou de trop-plein caractérisé. Il arrive assez souvent que les paquets de mouchoir ou les boîtes d'aspirine soient en nombre dépassant outrageusement l'ordinaire. Mais tant que les limites de l'inacceptable ne sont pas dépassées, cette suraccumulation a d'abord pour effet de rassurer. Le premier stylo peut tomber en panne, le deuxième aussi. Cinq, c'est peut-être un peu trop, mais puisqu'ils sont là…

Pour déchiffrer la capacité de résistance des objets enfouis dans les couches profondes, il faut comparer les deux sens du mouvement (mettre dans le sac et sortir du sac) ; totalement différents. Mettre dedans est une facilité et un plaisir, la tête toujours légère. Sortir du sac est au contraire très souvent un calvaire manuel et mental. Parce que l'on ne trouve pas ce que l'on cherche. Et parce qu'à certains moments, le tri s'impose et que certaines choses doivent être expulsées. Or ce n'est jamais simple. Un peu comme pour les placards et les greniers. Nous ne parvenons pas à nous séparer des objets que nous avons aimés (une authentique part de nous-mêmes), ou qui pourraient se révéler encore vaguement utiles un jour. Alors nous les entassons, repoussant le moment où il faudra décider. Et quand le moment vient, l'exercice s'avère pénible et mentalement épuisant (avant la satisfaction de se sentir plus léger). Car il s'agit de rien moins que de choix identitaires, d'arbitrage entre des scénarios de vie possibles, même s'ils portent sur des aspects minuscules. Or le sac pose ce problème de remaniement existentiel tous les jours, au plus près de soi.

Il le pose évidemment de façon différente selon le type de rapport sentimental qui est établi. Car il y a les fidèles, invariablement « monosac ». Un seul et toujours le même, l'usant jusqu'à la corde avant de devoir s'en séparer la mort dans l'âme. Et les autres, multipartenaires plus ou moins effrénées, changeant de compagnon au gré de leurs coups de cœur. Pour celles-ci, les couches profondes sont plus souvent

inspectées et ont donc moins le temps de se consti-
tuer. Mais des objets mal identifiés parviennent
malgré tout à se tapir dans les coins. Ils résultent
généralement d'internalisations impulsives. Alors
que les objets les plus utilisés sont impitoyablement
triés et réorganisés dans un nouveau sac, ce qui a été
« mis dedans » au petit bonheur peut plus facilement être abandonné là. Valmontine aperçoit « des
post-it où j'ai écrit des trucs pour m'en souvenir (et
que j'exhume des mois après en me demandant ce
que c'était), et des chocolats récupérés dans les cafés
(certains fondus tordus dans leur emballage
froissé) ». Pour Nicole, c'est comme un jeu : « Je
suis toute contente quand je redécouvre un billet de
vingt euros dans un vieux sac ! » Maria plonge avec
bonheur dans son passé. « C'est incroyable ce qu'on
oublie. J'adore lorsque je retrouve un petit objet ou
un papier. Il y a un mois c'était un coquillage.
Pendant trois secondes je me suis demandé ce qu'il
faisait là. Puis je me suis souvenue de la plage au
Maroc, de ce moment de grâce, de bonheur absolu,
que j'avais sans doute voulu marquer d'un signe. Eh
bien, sans le coquillage dans mon sac, je l'aurais
peut-être oublié. »

Le sac unique est souvent un gros sac dans lequel
on découvre bien des trésors. Car les objets ont tout
le loisir de s'installer confortablement dans ses
profondeurs. Ariane : « À vrai dire, le mien est de
taille. Je viens de le changer car mon autre sac de

"tous les jours" rendait l'âme. Celui-ci est plus gros et ce soir vous m'avez intriguée car comme c'est une vraie caverne d'Ali Baba, je ne sais plus moi-même tout ce qui s'y trouve… ou s'y cache. Je vous invite donc en toute confidentialité à vous dévoiler le contenu de ce contenant de taille en ce 11 décembre à 22 h 00… »

Pour nous, Ariane va donc procéder à une exploration systématique, en commençant (ce détail est important) par le dessus :

« Je vais y piocher et vous inscrire la liste comme ils remontent…

— Une facture de mes récents achats de plantes à la pépinière (j'adore jardiner)

— Un étui de carte de visite 1 – École de formation

— Un cadre à photo miniature en cuir beige incluant deux femmes qui comptent dans ma vie : ma grand-mère paternelle et ma mère.

— Un chéquier de société

— Mon portefeuille rouge bordeaux incluant le rangement des billets de banque et les cartes de crédit.

— Une brochure de ma profession libérale – Praticienne en santé.

— Un peigne en bois

— Une brosse à dents

— Un petit cahier pense-bête

— Un appareil photo digital Nikon Coolpix

— Un porte-monnaie en cuir noir incluant des pièces

— Un petit papier avec numéro de tél d'une personne rencontrée ce soir

— Un crayon Faber Castell pratique qui m'accompagne partout

— Un téléphone portable

— Un deuxième cahier pense-bête. Le premier était l'ancien !!!

— Un porte-chéquier beige

— Ma carte de crédit de société

— 3 stylos noirs

— Un mini étui à miroir

— Un deuxième porte-monnaie en cuir vert bouteille

— Un pense-bête en cuir beige incluant des petits papiers pour prendre des notes

— Un stylo à encre.

Reprenons notre souffle, et attaquons le début des couches profondes :

— Un sachet de thé infusion à la citronnelle ramené d'un voyage, le temps d'une escale au salon Air France

— Une facture de supermarché

— Un deuxième étui de carte de visite

— Un échantillon de mon parfum de jour

— Un porte-clés
— 3 trombones
— Une lime à ongles
— Un rouge à lèvres
— Une boîte de fil dentaire
— Un tampon hygiénique.

Ah ! la petite poche du côté a semble-t-il craqué et me dévoile donc les objets engloutis dans la doublure du sac :

— Un porte-sac à provisions en bois
— Un échantillon de gel aux huiles essentielles
— Un échantillon de Cytolnat Centella, une vraie crème miracle
— Un autre tampon hygiénique
— Un autre stylo noir, chouette j'en ai quatre !
— Une autre boîte de fil dentaire.

7. Sac agace

« Pas de *news* le vendredi, ouf ! Lundi, 9 h 45, alors que je suis empêtrée dans la foule du train parce que y a de la neige et que la surface pour chaque voyageur est insuffisante, mon téléphone sonne. Putaiiiiiiiin ! Ma mission : essayer de l'attraper dans un sac à mes pieds. Yes, j'y arrive [1] ! » Nina a de la chance : généralement le téléphone est beaucoup plus difficile à cerner. Comme les clés. Tout aussi bizarrement introuvables, quand, dans l'urgence, on en a furieusement besoin. Ces choses jamais à leur place donnent matière à des récits presque canoniques, petites mythologies d'aujour-d'hui, à mi-chemin entre drôlerie irrésistible et éner-vement explosif. Car cet autre mystère du sac (les clés ou le téléphone jouant à cache-cache) est au cœur de beaucoup, beaucoup d'agacements.

L'agacement est un beau sujet d'études. Cette petite décharge d'émotion désagréable, qui semble totalement irrationnelle et spontanée, répond en fait

à des mécanismes mentaux d'une incroyable précision[2]. Tout agacement est provoqué par ce que les
spécialistes de psychologie expérimentale appellent
une « dissonance cognitive ». Ou, en d'autres
termes, un conflit intérieur entre deux schémas de
pensée ou d'action. Ne pas être unifiés nous est
insupportable, ne pas être unifiés nous rend l'action
impossible : nous avons besoin d'un modèle de référence et d'un seul à un moment donné. Ce conflit
est généralement masqué car les schémas qui entrent
en concurrence ne sont pas mémorisés au même
endroit et selon les mêmes modalités. Je prends un
exemple. Admettons qu'à peine éveillé le matin, je
cherche mon bol pour prendre un café. Je n'ai pas
besoin de faire usage de ma pensée consciente (la vie
deviendrait un enfer si nous avions à la solliciter
pour des gestes aussi simples), car le bol est toujours
rangé à la même place dans le placard, place qui a
été enregistrée dans mes automatismes corporels. Il
me suffit donc de laisser se dérouler ces derniers,
d'ouvrir la porte du placard et de tendre ma main
pour saisir le bol. Hélas il se peut qu'un jour le bol
ne soit pas là, qu'il s'avère introuvable, qu'un autre
objet au contact incongru l'ait remplacé. Aussitôt
deux processus se mettent en œuvre. Une décharge
émotionnelle négative se déclenche, incitant à
résorber le conflit (entre la place idéale et la place
réelle) et à trouver rapidement une solution. Et la

pensée consciente se met à l'œuvre, évoquant différentes hypothèses pour régler le problème.

Dans la plupart des familles, un tel type d'agacement lié à ce qui se trouve dans le placard est occasionnel, provoqué par un désordre inhabituel. Mais le sac n'est pas un placard. En lui l'agacement est structurel, l'agacement lui est consubstantiel. La chose (clés ou téléphone), dont on a un besoin impérieux et immédiat, semble la dernière à vouloir faire surface. Incompréhensible et insupportable ! Zoé ne compte plus les fois où, de rage, elle a vidé tout le contenu. « Et le courrier, qui m'agace, que je ne veux pas ranger, qui traîne dans les espaces encore libres de mon cabas, se mélangeant avec des clés attachées à de gros objets pour être retrouvées facilement et que… je ne retrouve jamais… Ce qui m'oblige à vider mon fatras sur le capot de ma voiture sous l'œil horrifié des passants ! » Le regard soupçonneux des autres n'aide évidemment pas à diminuer le stress. Jane est au martyre quand son téléphone sonne dans le train. « Je suis la première à trouver ça ridicule, ces femmes excitées qui retournent toute leur marchandise dans tous les sens pendant que leur téléphone sonne et re-sonne sans cesse. Je me dis qu'elles sont nulles. Et puis vient mon tour et c'est exactement la même chose. Ça sonne, ça sonne, je m'énerve, je sors tout sans trouver ce maudit téléphone comme s'il faisait exprès de se planquer. Et je me dis que tout le monde est en train de se dire que je suis nulle. C'est nul ! »

Chacune a pourtant ses techniques de fouille. Anne K. privilégie l'art de la main fouineuse. « En fait, c'est au toucher, bien souvent à l'aveugle, que je retrouve mes trésors dans le ventre de "Sacamin". Il importe donc que la forme et la texture des objets que j'y stocke soient non seulement esthétiques (on ne se refait pas !) mais aussi tactilement parfaitement identifiables dans l'obscurité d'une salle de spectacle ou d'une voiture, dans l'intimité de mon jardin secret. » D'autres préfèrent débuter par le regard. Ou préféreraient faire comme Jane, qui ne parvient guère à appliquer les règles qu'elle s'est pourtant fixées. « Normalement je l'ai posé par-dessus, justement pour qu'il soit facile à trouver. Donc je devrais le voir d'un coup d'œil, et j'essaie de m'interdire pendant deux secondes de m'exciter à foutre le bordel dans mon sac. Parce que sinon tout est chamboulé et je ne trouve plus rien. Mais je ne dois pas très bien regarder, et j'ai trop hâte de mettre la main là-dedans : en moins de deux secondes, c'est plus fort que moi, je triture tout ça comme une folle ! » La plupart du temps, les deux techniques de fouille (par la main et par le regard) sont anarchiquement mélangées. Or elles ne fonctionnent pas de la même manière et sont même contradictoires sur bien des aspects (la main déplace et dérange en fouillant alors que le regard a besoin de stabilité

65

pour établir son inventaire). Il en résulte des revirements incessants entre systèmes de recherche, de
brusques manipulations hargneuses alternant avec
des observations plus calmes ou des tentatives de
convocation de la mémoire et de la pensée ration-
nelle (« Mais où donc l'avais-je mis avant de
partir ? »). Le tout, bien sûr, dans une ambiance
d'agacement exponentiel. Car la décharge émotionnelle se fait d'autant plus intense qu'un objet est
rétif et se refuse à regagner la place qui devrait (dans
le modèle idéal) être la sienne. La rage a justement
pour fonction de trouver une solution rapide, de
remettre les choses en ordre, si besoin par une
certaine violence corporelle. Or ici la place elle-
même est incertaine et les principes d'action
multiples et changeants. La rage, impuissante,
s'épuise en vain. Et le pauvre sac subit des violences
parfaitement inutiles.

Plus les expériences passées ont été désespérément confuses et douloureuses, plus la recherche
urgente d'un objet crucial s'ouvre par un temps
d'angoisse. Un peu comme si la femme partait
battue d'avance, se disant qu'à nouveau les clés ou le
téléphone seront horriblement difficiles à découvrir. Et se disant cela, elle s'engage (déjà tout agitée)
dans des protocoles d'investigation détournés et
complexes là où des évidences simples auraient pu la
délivrer. Sidonie le sait bien, et pourtant elle recommence à chaque fois. Gonflant avec emphase la

disproportion, pour la beauté de son récit mythologique. « J'ai beau tourner, retourner mon sac pendant que mon portable vibre (des appels importants en plus, sinon ça ne serait pas drôle !), je ne le trouve pas. Et au final il se trouve là où je l'ai rangé (même si j'avais vérifié deux ou trois fois qu'il n'était pas dans la poche dite "spécial portable"). C'est incompréhensible et mes amis s'étonnent toujours de me voir fouiller dans un sac, pourtant petit, pendant une bonne dizaine de minutes pour au final trouver un objet largement voyant ! »

Mais il existe un autre paradoxe source d'incompréhension, très précis, qui nous intéresse particulièrement en ce qu'il touche à la question des couches profondes du sac. Normalement s'y trouvent de petits objets peu utiles, plus ou moins oubliés, voire de véritables rebuts qui auraient dû depuis longtemps être expulsés. Le téléphone ou les clés au contraire, au sommet de la hiérarchie des classements, devraient être très visibles, plutôt sur le dessus, ou dans une poche aisément accessible. Or, assez lourds et lisses, ils ont une fâcheuse tendance à ne pas respecter les hauteurs assignées et à glisser au fond. Cela leur arrive parfois, mais pas toujours. Or cet irrespect de la place qui devrait être la leur frappe tellement les esprits qu'il provoque de fréquentes généralisations abusives : le téléphone et les clés tomberaient toujours tout au fond. Écoutons Lilou : « Et c'est vrai, toujours au fond, quasiment introuvables, le trousseau de clés et le téléphone portable (je me suis déjà vue rentrer presque la tête dans le sac pour y trouver quelque chose, ou être obligée de tout sortir devant témoin). » Ce nouveau récit emphatique (elle ne met en réalité quand même pas sa tête dans son sac) prend cette forme parce qu'il est un imaginaire de référence : Lilou pense vraiment que ses clés et son téléphone sont tombés au plus profond. Alors que très souvent ce n'est pas le cas. D'où les confusions et les agacements en chaîne. Lilou est d'ailleurs la première à le reconnaître. « Concernant le grand classique de l'agacement, vous avez tout à fait raison, c'est vrai qu'il m'est arrivé quelquefois de retourner tout mon sac, de sortir tout ce qu'il y a dedans, dans l'espoir de trouver mes clés ou mon portable, alors que ceux-ci se trouvaient dans la poche de mon manteau. » Non seulement les techniques s'entremêlent entre main et regard, non seulement l'angoisse préalable déclenche une agitation désordonnée, mais le plan d'action vise mal dès le départ : il attaque au fond alors que l'objet tant convoité est tout bêtement à la surface. Et lorsqu'après tant et tant de vaines gesticulations, ce constat devient évident, c'est encore plus agaçant : mais pourquoi avoir cherché au fond alors qu'il était presque sous les yeux ?

Il existe cependant un petit contingent de femmes ayant décidé de rompre radicalement avec

cette confusion stressante : il suffit de ranger strictement et de s'y tenir (ce ne doit quand même pas être
difficile !). Hélas, elles trouvent difficilement
l'aménagement interne de leurs rêves. Elles ne
tardent donc pas à dénoncer les fabricants de sacs et
à inventer de petits bricolages personnels. « Je ne
veux pas me trouver des excuses mais souvent il
manque des poches dans les sacs. Cependant j'essaye
d'attribuer au téléphone et aux clés une place priori-
taire facile d'accès afin d'éviter les crises de nerfs »
(Cathe) ; « J'aime bien retrouver les choses facilement, mais ça dépend beaucoup du sac, comment il
est fait, comment on peut plonger la main et voir ce
qu'il y a dedans. » (Melody). Ariane imagine même
des perspectives quelque peu révolutionnaires. « Un
ami parisien avait envisagé de créer un prototype de
sac qui aurait un éclairage intérieur aussitôt qu'on
l'ouvrirait car généralement tout y est sens dessus
dessous ! Et quand le portable sonne et qu'on est en
plus au volant, vous imaginez bien la pagaille ! »

Pourquoi les fabricants seraient-ils sourds à cette
demande des femmes ? Passe encore pour l'artisan
d'un village du Haut-Atlas. Mais les grandes
marques ? La vérité m'oblige à dire qu'ils ne sont
nullement sourds. Au contraire, ils multiplient les
plis et replis, ajoutent de petites poches par-ci par-là.
La surprise est qu'elles ne sont pas toujours utilisées
ou mal utilisées. Parce que l'architecture intime des
caches secrètes est infiniment personnelle. Et parce

que trop de rangement strict nuit à l'âme du sac. Il faut pouvoir tout y mettre avec la plus grande liberté. Quel serait le plaisir si l'on devait calculer à cet instant ? La griserie de la légèreté serait impossible. La tête serait lourde comme du plomb à devoir ainsi penser sans cesse. Le prix à payer est bien sûr l'agacement quand l'objet s'avère introuvable au milieu du joyeux mélange qui a été mis dedans. Mais on ne peut tout avoir, s'offrir un plaisir exige souvent une compensation.

8. *Dis-moi comment tu ranges ton sac, je te dirai qui tu es*

Alors, faut-il ranger pour ne pas s'agacer ? Ou jouir sans entraves de ce plaisir libertaire du « mettre dedans » ? Je me garderai bien de donner un conseil. Car la réponse est affaire de morale d'existence. Et en notre société de démocratisation sans fin de la vie personnelle (décider pour soi dans tous les domaines), chacun forge la sienne à son idée, sans pouvoir l'imposer aux autres. Le sac est un petit monde rien qu'à soi.

Un petit monde rien qu'à soi profondément lié à la structuration identitaire ; nous en verrons différents aspects par la suite. Pour le moment c'est la question de l'ordre qui nous intéresse. Existerait-il un lien entre style de rangement du sac et structure de la personnalité ? Aristote nous inciterait à répondre par l'affirmative. Non pas qu'il se soit explicitement penché sur la problématique du sac à main ! Mais parce qu'il démontra de façon magistrale comment tout geste est porteur d'une éthique, à la foi mémoire et mise en œuvre d'une morale. Même un geste minuscule. Nous stockons la capacité à nous reproduire égaux à nous-mêmes (donc à être soi, à stabiliser une identité) dans nos habitudes ordinaires, notamment les plus intimes et familières. Le petit monde du sac rien qu'à soi est le garde-fou du soi.

Dis-moi comment tu ranges ton sac, je te dirai qui tu es ? Les strictement ordonnées affirment haut et fort que cette formule est rigoureusement exacte. Et se donnent volontiers en exemple. Discrètement pour Sabrina. « Mes sacs sont toujours organisés de la même façon : il faut que je trouve facilement ce que j'y cherche. Peut-être y verrez-vous une représentation subtile de ma structure psychologique ? » De façon beaucoup plus démonstrative pour Apolline. « Absolument rien de secret dans mon sac, sauf qu'il me ressemble totalement… D'un volume moyen, voire petit, c'est un résumé de ce que je suis. D'abord il est toujours parfaitement organisé (ce que je suis dans la vie…). C'est donc un sac à poches multiples qui est clair et net quand on l'ouvre ! Il y a la large poche latérale contenant invariablement permis de conduire avec assurance, carte bancaire et cartes de visite diverses (coiffeuse, institut, conseillère bancaire). Puis, accolées, deux petites latérales, l'une avec une petite trousse à pharmacie d'urgence plus une huile essentielle de basilic, l'autre avec lunettes et rouge à lèvres protecteur, stylo. Le centre est occupé par un porte-cartes contenant : papiers d'identité, carte vitale, carte don d'organe, groupe sanguin, photos familiales et cartes de fidélité de quelques magasins, carnet de chèques, porte-monnaie. Les poches extérieures (deux) contiennent l'une le portable qui a remplacé le carnet d'adresses habituel et l'autre un paquet de mouchoirs, cigarettes, briquet, liste de courses. » Tout est donc clair et net dans son monde, parfaitement organisé. Les gestes de l'impitoyable mise en ordre du sac ne sont pas seulement un reflet de son être. Ils sont aussi un instrument, quotidien, très concret et efficace, qui lui permet de structurer sa personnalité selon un modèle éthique. Le sac peut être activement utilisé dans la fabrication de soi. Dégageant assurance et fierté pour qui maîtrise, comme Apolline, cette manipulation ordinaire. Voire donnant une arme pour renforcer son estime de soi, se rehausser en rabaissant les autres, toutes ces pauvres femmes perdues dans leur bazar intime. Apolline encore : « Je ne suis pas sans savoir que mon sac organisé est une rareté, vu les commentaires imagés et les mises en boîte de mes relations ! Figurez-vous que je me pose la même question à propos du sac de mes amies : pourquoi ce foutoir ? Pourquoi faire compliqué quand on peut faire simple ? Je pense qu'elles ne prennent pas le temps de l'organiser, elles jettent tout en vrac en se disant qu'elles finiront bien par trouver ce dont elles ont besoin. J'ai constaté que ce n'était pas forcément le cas. » Pauvres femmes !

Dis-moi comment tu ranges ton sac, je te dirai qui tu es ? Les adeptes d'un rangement plus souple (pour ne rien dire de celles qui s'avouent de « religion bordélique » comme Muriel) sont beaucoup moins catégoriques : le petit bazar dans leur sac ne signifie pas que la confusion règne dans leur tête et dans leur vie. Ou du moins pour une majorité. Car leurs propos sont infiniment plus divers que celui (très pensée unique) des tenantes de l'ordre strict. Elles sont partagées entre le désir d'assumer et celui de revendiquer le caractère vivant de leur petit monde, comme Sidonie (« Mon sac représente ma tête : le bordel. Je n'oublie rien, mais je ne trouve jamais ce que je veux dedans. ») ou comme Mademoiselle M. (« Je le prends toujours grand, très grand, avec une petite poche zippée, et je perds toujours tout dedans. Faut dire que je suis un peu perdue dans ma tête et que je suis en perpétuels changements. ») Elles ont la peur de dévoiler des failles, peur qu'une psychanalyse sauvage ne démasque leurs faiblesses par l'autopsie de leur sac. Elles préfèrent donc souvent faire silence sur cette question. Mais bien des signes révèlent le mélange et l'agitation intérieure. Même la façon dont est listé le contenu (j'ai reçu plus de soixante-dix listes) donne des indices. Alors que d'autres inventorient par catégories, Sophie ajoute les choses comme elles viennent, énumérant une suite de contrastes poétiques involontairement à la manière de Prévert. Bref extrait : « Trois paquets de mouchoirs jetables, une sucette, une paire de gants, un briquet, une boîte de sucrettes, un opinel, des rouges à lèvres, des préservatifs, une gomme, une pince à épiler, un rosaire. »

En fait, l'immense majorité des femmes se place dans une position intermédiaire : ni ultra-maniaques ni ultra-bordéliques. La plus grande différence entre elles se situant le matin, avant de partir de chez soi, quand les unes rangent soigneusement les choses alors que les autres les enfournent à la va-vite. Par la suite, dans la journée, tout ordre trop strict ne serait tenable qu'au risque de menacer la vie même. Cathe le constate avec dépit. « Même si je m'applique régulièrement à ranger mes petites affaires dans mon sac, ce dernier devient vite bordélique. » L'ordre que l'on s'acharne à rétablir étant régulièrement défait, certaines sont vite tentées d'abandonner le combat : à quoi bon en effet dépenser cette énergie ménagère puisqu'une sorte de mauvais génie du sac semble s'amuser à inéluctablement produire du méli-mélo. Sisyphe aurait dû comprendre qu'il ne lui servait à rien de remonter son caillou. D'autant que les objets qui ne sont pas fermement arrimés à une position précise risquent de devenir très vite de libres voyageurs des entrailles profondes. Prenez Hanouk par exemple. Elle profère la théorie (déjà vue à propos des clés et du téléphone) selon laquelle certains objets plongeraient immanquablement dans les couches inférieures et qu'il ne servirait à rien de les placer bien en évidence sur le dessus. Elle jette donc ses pastilles bio « pêle-mêle au fond et cela volontairement ». Car (selon une croyance bien ancrée) « si je les laisse dans leur paquet je ne les trouve pas ». Comment voulez-vous mettre un peu d'ordre avec cela !

Pour elle, ces pastilles bio en vrac ne reflètent en rien son caractère. Hanouk s'estime claire dans ses pensées, volontaire, organisée. Le désordre des profondeurs n'est qu'une pure affaire de sac, strictement spécifique. Le sac est pour elle un petit monde indépendant, aux règles propres, qui ne dit pas directement et systématiquement qui l'on est comme certaines le prétendent. L'histoire racontée par France conforte son point de vue. Elle fait le ménage intérieur de façon fréquente et méticuleuse. « Régulièrement je le vide, et là je retrouve des papiers avec des noms ou des numéros de téléphone notés au passage. Je les jette aussitôt. » Son sac est impeccable, il a été ainsi toute sa vie. Aujourd'hui retraitée, elle se souvient très bien comment cet ordre parfait lui est venu. D'un coup, un jour, dans sa jeunesse, à la lecture d'un magazine. Qui disait que ce n'était pas bien pour une jeune fille de trouver de vieux bouts de papier dans son sac. Une sorte de marque d'infamie. Cela l'avait tellement frappée qu'elle avait aussitôt mis en place les principes d'action qui la guident aujourd'hui encore. C'était un événement minuscule, un grain de sable de la vie qui avait décidé cela ; sans qu'un lien manifeste puisse être établi avec la structure de sa personnalité.

Sans doute existe-t-il pourtant un lien entre ordre du sac et structure de la personnalité, notamment par l'intermédiaire des grandes valeurs morales qui portent une existence. Mais ce lien est toujours extrêmement complexe et multiforme, difficile à interpréter. (Heureusement !) Il peut même exister des inversions : une maniaquerie obsessionnelle de l'ordre du sac pour conjurer une perte des repères éthiques ou une confusion des pensées. Ou, plus fréquemment, des contextes, des objets ou des moments particuliers, traités chacun à sa manière. Il peut y avoir de l'ordre ici et du désordre ailleurs, de l'ordre à un moment donné et du désordre juste après ; ce qui relativise d'autant les extensions qui pourraient être faites à la structure d'ensemble de la personnalité. Celui qui, par exemple, ne considérerait que le lecteur MP3 et le kit main libre de Sophie, conclurait de façon totalement abusive qu'elle a un caractère embrouillé ! « Mon lecteur MP3 et le fil qui va avec, emmêlé ça va de soi avec le kit mains libres du téléphone... Je pense qu'à force de faire des nœuds ils deviendront un jour indissociables ! »

Le rangement du sac s'inscrit dans un rythme. Des séquences de remise en ordre et d'animation intérieure ne cessent de se succéder ; avec dans l'un et l'autre cas des pics d'intensité. Intensité agitatoire lors de mises dedans intempestives ou d'un stress pour trouver les clés tout au fond ; tout est mis brusquement sens dessus dessous. Intensité rangeresse quand vient le temps au contraire d'éliminer la confusion. Si nous prenons plus précisément les phases de mise en ordre, elles opèrent en fait selon deux modalités très différentes. Soit de façon calme, posée, régulière. Généralement le matin, quand il s'agit d'organiser la journée ; les choses sont choisies et rangées, dans un plan d'ensemble qui intègre aussi les événements à venir. Car remplir son sac, c'est aussi dessiner les scénarios du futur. Soit de façon sauvage et beaucoup moins préméditée. À l'improviste, quand l'agacement déclenche le signal d'alarme. J'ai dit comment fonctionnait l'agacement, qui surgit dans l'écart entre un modèle idéal et une réalité de la vie toujours plus incertaine et mouvante. Tant que le désordre est modéré il peut être admis et considéré dans la normalité du sac (puisque les va-et-vient y sont continuels). Puis apparaissent des indices d'agacements localisés (quand par exemple un objet devient introuvable). Enfin, apothéose ultime, la rage globale peut exploser soudainement, l'écart avec le modèle idéal s'avérant gigantesque et intolérable. C'est souvent à partir d'une telle décharge d'émotion mauvaise que l'on décide d'effectuer un grand ménage dans une maison. Pour le sac, les coups de nerf qui poussent à ranger sont davantage d'intensités variables, conduisant à des remises en ordre plus ou moins importantes, et sont déclenchés de manière particulière chez chacune. Ariane par exemple fonctionne à l'épaule, à la désagréable sensation de trop grande lourdeur soudain éprouvée sous la bandoulière. « Je fais un tri d'instinct dès que je sens un poids supplémentaire sur mon épaule. »

Les coups de nerf sont par ailleurs intimement mêlés à leur contraire : une infinité de (plus ou moins grands) coups de cœur. Jour après jour, continuellement, les objets sont sommairement évalués (quelques secondes suffisent) et gardés ou jetés, entre coups de cœur et coups de nerf. L'essentiel se passe dans un jeu subtil d'émotions opposées. Lorsque tout marche bien, ces décisions « à l'instinct » permettent de se libérer de réflexions susceptibles de devenir interminables et fatigantes. Le cerveau pourrait dire : cette petite pierre pèse 90 grammes, et l'ayant conservée dix ans, j'ai donc transporté 90 grammes par jour × 365 jours × 10 = 328 kilos de cailloux. Que faire de ces horribles kilos en regard du merveilleux souvenir évoqué par la petite pierre ? Comment comparer des kilos et des souvenirs ? Le cerveau serait bien embarrassé pour répondre ! Les émotions, elles, offrent des visions tranchées, et permettent de décider d'un coup. Après sa souffrance à l'épaule, Ariane procède de façon rapide grâce à l'« instinct ». Plutôt côté coup de nerf que côté coup de cœur. « Je ne manifeste aucun regret à me libérer de certains objets et me fie à mon instinct à ce sujet. Si l'objet en question quitte mon sac, c'est que son heure est venue. »

Certaines femmes sont amenées à faire ce tri plus souvent que d'autres ; parce qu'elles changent de sac régulièrement. Sur ce point aussi, les camps s'opposent : de même qu'il y a des maniaques et des bordéliques, il y a des fidèles monogames et des passionnément polygames. Or changer sans cesse de sac oblige à autant de réaménagements, parce que la procédure incite à inspecter les contenus, et parce que les volumes et les dispositions intérieures sont différents de sac en sac. Ariane sépare le groupe des objets « attachés à moi et qui transitent donc d'un sac à l'autre », et ceux qui vont être impitoyablement triés, sans états d'âme. Pour éviter trop de manutentions (et de réflexions) complexes, Nina préfère acheter des sacs qui se ressemblent, notamment en ce qui concerne l'organisation des poches intérieures. « Ça me pose des gros soucis pour choisir un sac ! Car tout doit être impeccablement rangé, chaque chose à sa place. Je sais, je suis légèrement maniaque. » Quant aux polygames intensives, elles ont une autre difficulté à résoudre. Car tous ces sacs, il faut aussi trouver un juste système pour bien les ranger ! « C'est vraiment un problème. Comment les ranger sans qu'ils s'abîment, sans qu'ils prennent trop de place ? » Il faut dire que

Lilou en possède beaucoup. « "Sac à main" pour moi, c'est un mot magique, c'est mon péché mignon. J'en ai environ une cinquantaine, de toutes sortes, fourre-tout, petit, grand, de marque, de luxe, de toutes les couleurs. » Chaque jour son cœur balance entre tous ces partenaires éventuels.

9. *Vider et remplir sans cesse*

Vider et remplir ne se font pas de la même manière ; le système de gestes, le contexte éthique et le fonctionnement cognitif sont complètement différents. Remplir s'inscrit dans une ambiance positive, entre griserie insouciante du « mettre dedans » et manipulation plus réfléchie, mais entraînante, en vue de prévoir une journée ou une soirée. Vider au contraire est une action plus triste et pénible, régulière et rébarbative, assimilable à une tâche ménagère. Et fatigante mentalement, parce que beaucoup de décisions sont difficiles ; se séparer d'un objet familier est souvent un crève-cœur. Solena, adepte des gros sacs et qui ramasse sans cesse « plein de trucs et machins », fait chaque soir l'inventaire. C'est une sorte de rituel, comme se laver les dents. « Je trie et lave régulièrement. Je le vide chaque soir de tout ce qui y a été mis en plus de mon nécessaire de survie : dossiers, courses et trouvailles. Je viens d'y enlever le parapluie aussi. Le livre change à mesure, ainsi que la revue, la bouteille à boire aussi. Le nécessaire par contre a un peu augmenté (c'est une pochette bourrée à bloc) car il m'arrive de dormir chez mon ami. » Avec tout ce qu'elle récolte de-ci de-là, l'exercice pourrait s'avérer difficile. Heureusement, « comme mon sac est toujours trop lourd à mon goût, je n'ai pas d'états d'âme à le vider du superflu ». Les objets, merveilleux quand ils furent ramassés, se métamorphosent alors en rebuts presque détestables.

Solena établit clairement la distinction : il y a le « nécessaire » et le reste. Qu'elle qualifie de « superflu » parce que c'est au moment de ranger son sac. Au moment de le remplir au contraire, ces objets sont envisagés dans leur utilité future. Beaucoup de femmes ont opéré un même type de distinction, en employant des termes cependant un peu différents. Les mieux adaptés me semblent : « essentiels » *versus* « optionnels ». Les objets essentiels sont reconduits de sac en sac, sans qu'il y ait à réfléchir ; les autres choisis en option, selon les scénarios du futur. « J'ajoute les objets optionnels, comme un foulard, une casquette, une petite bouteille d'eau, un gilet… selon le planning de la journée. » (Cathe). Nina nous explique que les essentiels se subdivisent eux-mêmes en deux catégories : les utilitaires basiques et les gardiens des petits secrets du monde personnel. « Mon sac, c'est aussi un peu ma cachette, certains objets ne le quittent quasiment jamais. Certains tout simplement parce que c'est pratique, comme mon portefeuille. D'autres car ce sont des objets très intimes, comme mon fameux carnet de notes en moleskine. »

Si de nombreuses femmes se réfèrent à cette distinction « essentiels/optionnels », la proportion entre les deux catégories est cependant très variable. Pour certaines, les ajouts occasionnels sont rares. Elles n'ont pas besoin d'ajouter puisqu'elles ont déjà presque tout dedans. Elles ont souvent un gros sac, au contenu immuable, trimbalé égal à lui-même dans les circonstances les plus diverses. Pour d'autres au contraire, les objets sont à chaque fois ajustés avec précision aux événements prévisibles. Ce qui permet généralement d'alléger le sac, mais au prix de manipulations nombreuses et de réflexions complexes. Tout se passe comme si les unes préféraient le poids des objets et les autres le poids du fonctionnement mental qui remplit la tête. Isabelle est une parfaite représentante de ces dernières. Elle explique d'ailleurs très bien pourquoi cette continuelle gestion organisatrice de son sac n'est pas pour elle un problème : elle est tellement heureuse, ensuite, de ressentir l'harmonie entre ce qu'elle avait imaginé et ce qui se déroule réellement, que le travail de structuration de l'avenir est pour elle un vrai plaisir. « À la base, déjà, je choisis des sacs à main légers de préférence. Je n'aime pas les sacs lourds. Ensuite, ce n'est pas un casse-tête car je suis contente de prendre ce que j'emporte, c'est mon "kit-survie minimal". Je trouve plaisir à faire des choix et à ne prendre que le nécessaire. Par exemple, je peux tout à fait enlever les pièces de monnaie qui alourdissent mon porte-monnaie et n'avoir que des billets "au cas où". Je peux aussi enlever les cartes qui ne me serviront pas : par exemple, pour aller à une soirée, je n'ai pas besoin de ma carte "Pimkie" ou ma carte de fidélité "Smiles". Mon porte-monnaie est petit et minimaliste (8 cm × 10 cm), d'un côté les cartes, de l'autre côté pièces et billets. Pour la bouteille d'eau, je ne la remplis qu'au tiers si je sais que je pourrai accéder à un robinet plus tard dans la journée. J'ai arrêté d'emporter brosse à dents + dentifrice, je ne les utilisais pas. Quand ce n'est pas nécessaire, je n'emporte pas non plus mon plan de métro ou ma carte d'identité. »

Parfois il y a hélas un tout petit raté dans ses prédictions. Elle le déplore aussitôt. « Hier j'avais un rendez-vous médical dans Paris, mais comme je n'avais que quinze minutes de métro, je n'ai pas emporté mon livre de poche assez lourd (310 grammes, 570 pages), et me suis contentée d'un journal gratuit distribué dans le métro. Je l'ai regretté par la suite car j'ai attendu une heure dans la salle d'attente, et les magazines à disposition n'étaient pas passionnants ! » Quand l'avenir est censé être tout entier dans le sac, les surprises de la vie peuvent évidemment très vite se transformer en déconvenues.

Isabelle n'est pas représentative de la majorité. Car elle passe un temps vraiment important à envisager le futur, objet par objet. Généralement le tri est en effet plus intuitif et rapide, entre coups de nerf et coups de cœur. Les oublis et ratés divers sont donc logiquement fréquents, y compris dans les « essentiels ». « J'essaie d'avoir toujours quelques cachets contre le mal de tête, mais je les oublie régulièrement. Il devrait y avoir des mouchoirs aussi, mais j'oublie souvent d'en remettre. » (Céline) Comment faire pour ne pas oublier sans se prendre la tête à réfléchir tout le temps ? Les adeptes du gros sac au contenu immuable ont une réponse toute simple. Mais c'est leur épaule qui trinque ! Les autres ont trouvé leur solution magique : les pochettes !

Il suffisait d'y penser ! Le « nécessaire », l'« essentiel », est rangé dans une pochette spéciale, sorte de petit sac à l'intérieur du sac. D'un simple geste, la pochette est transvasée d'un habitacle à l'autre, sans qu'il y ait besoin de réfléchir. Ou plutôt les pochettes, car elles sont souvent plusieurs : argent/papiers, maquillage, hygiène/santé. « Une mini trousse beauté (maquillage, déodorant, produit pour le lavage des mains, crème hydratante/solaire visage et mains, un protège-slip (au cas où !), des mouchoirs…). Dans une autre, ma micro-pharmacie : Doliprane, Rescue[1], huile essentielle de menthe poivrée (pour les migraines intempestives). » Cathe a également regroupé ensemble les papiers divers.

« Tous les documents justifiant de mon identité, à savoir le permis de conduire, la pièce d'identité, la carte de Sécurité sociale… Mes tickets resto, mes tickets cinéma, les ordonnances médicales, toutes mes cartes de fidélité, ma liste de courses alimentaires ou d'actions à mener afin de ne rien oublier. » Lilou (grande acheteuse, et grande ramasseuse d'objets divers) ajoute à ses « nécessaires » une pochette d'un type différent, vide, au cas où le sac ne serait pas suffisant. « Une pochette où se situe le minimum nécessaire de maquillage (rouge à lèvres, parfum…), une autre pochette dite d'urgence (antidouleur, anti-stress, tampons…). J'allais oublier, j'ai aussi le "sac magique", qui se déplie en une minute pour les achats imprévus. »

Il existe d'autres pochettes, plus ciblées, très particulières à chacune. Mademoiselle M. par exemple ne se sépare jamais de sa mini-trousse à couture. « Avec une paire de ciseaux qui fait la taille de mon pouce, des échantillons de fil marron, noir et blanc, trois sortes de boutons différents, une petite épingle de nourrice. » L'accumulation de pochettes diverses, censées tout simplifier, peut cependant à son tour compliquer la vie. Doit-on toutes les prendre, en toutes occasions, même pour une soirée où l'on n'a prévu qu'un sac minuscule ? Impossible ! Les pochettes ne sont pas systématiquement reconduites dans tous les sacs. Et puis il y a leur contenu. Tel qu'il est présenté, il pourrait sembler invariable.

Or, s'il est moins ausculté et évalué que les objets optionnels, il faut quand même veiller à jeter les ingrédients obsolètes et à renouveler les stocks. Dans le concret des manipulations quotidiennes, les pochettes sont assez loin de la solution miracle proclamée dans les discours. Elle simplifie la vie plus en pensée que dans les actes.

Un dernier mot avant de quitter l'univers des pochettes. Plusieurs fois m'a été signalée l'existence d'une trousse contenant le « nécessaire féminin ». Jamais ou rarement de détails sur le contenu. Alors que des objets comme les tampons étaient librement signalés quand ils étaient solitaires. Mais l'organisation en bloc du « nécessaire féminin » produisait soudainement un silence ; garant du secret protégeant ce petit monde de l'intimité corporelle. « Il faut que vous sachiez (mais le faut-il vraiment ?) qu'un sac peut en cacher un autre, voire plusieurs autres. Un plus petit dans le grand, un encore plus secret avec des trucs de fille à l'intérieur. Ne comptez pas sur moi pour tout dévoiler. » (Noisette) Comment voulez-vous après cela que les hommes ne s'imaginent pas des mystères ? D'autant qu'il arrive que l'énigmatique pochette du « nécessaire féminin » livre des indices laissant penser qu'elle peut renfermer des choses très diverses. Le maquillage par exemple. Le maquillage peut-il être inclus dans le « nécessaire féminin » ? Ce genre d'interrogation, il faut le dire, me rassurait. Car j'étais très ennuyé par cette horrible dénomination (le « nécessaire féminin » ! Je préfère personnellement l'optionnel, l'invention de la vie !) renvoyant à l'idée d'une irrémédiable substantialité féminine. Et puis j'ai fini par comprendre. Le terme se suffisant à lui-même, ou la pochette mise en avant pour masquer le contenu, n'étaient pas seulement des techniques de pudeur. Elles étaient aussi un leurre, visant à protéger un autre type d'intimité, beaucoup plus large, celui de l'univers personnel. Souvent on m'a présenté des pochettes (autour d'un intitulé sous-entendant ce qu'il pouvait y avoir dedans et qui n'était pas décrit) pour ne pas trop détailler leurs entrailles. Le contenant donc plutôt que le contenu. Or la vraie âme du sac est d'abord au-dedans, au plus creux de ses plis et replis, à l'intérieur des moindres pochettes. C'est là que se forgent les repères de l'identité intime et ordinaire. Rose préfère d'ailleurs la fidélité monogame pour cette raison. « Je change rarement le contenu de mon sac car j'y ai mes "repères" et le fait de changer de sac m'insécurise. » Mais alors, comment fait Lilou avec ses cinquante sacs ? « J'ai une idée, c'est d'acheter un sac en toile ou en tissu, ou bien le fabriquer, afin de recevoir mes affaires. Et ainsi, à chaque fois que je changerai de sac, je n'aurai plus besoin de passer du temps à tout vider et à tout remettre dans l'autre sac. Il me suffira simplement de prendre le fameux sac en toile ou en tissu, et de le remettre dans un autre sac. » Bien sûr, il s'agit d'un rêve. Hélas irréalisable, comme tous les plus beaux rêves. Car des sacs, elle en a des petits et des gros, des plats et des hauts, des mous et des durs. Et puis surtout, ce qui est fatigant, ce n'est pas tant la manipulation physique que la réflexion à propos de chaque objet. Et cela, aucun sac en toile, jamais, n'y pourra rien changer.

L'opposition essentiels/optionnels est un peu trop commode. Car elle pourrait faire penser que les essentiels sont immuables, surtout s'ils sont protégés dans une pochette. Or eux aussi sont remaniés assez régulièrement. J'avais demandé à Ninon de me décrire ce qu'il y avait de plus stable parmi ces fameux essentiels, pensant, à tort, qu'il s'agirait des utilitaires incontournables. J'avais oublié les objets porteurs de mémoire. Le sac a d'abord une âme avant d'être un compagnon efficace. « Après avoir lu votre question et pour voir clair dans ma tête, j'ai ouvert à nouveau le gros portefeuille. Ces choses pratiques et utiles dont nous nous encombrons tous ne sont pas indispensables. Nous les traitons comme telles, c'est vrai. Ces utilitaires, cartes ou paperasses de couleur bleue, verte, rose, noire, jaune. De temps en temps, l'une d'entre elles disparaît ou est remplacée. En fait, elles prennent peu de place dans ma vie comme dans mon portefeuille. On peut dire que cette catégorie fait l'objet de temps en temps d'un tri. Je fais une différence ÉNORME entre ces utilitaires et le reste. Le reste, l'autre catégorie, elle, est immuable, même si j'espère très fort ajouter du temps au temps, des souvenirs à ces souvenirs. Ceux qui y sont ne subiront jamais les affres de la poubelle ! » Comme à propos des agacements (quand on m'avait expliqué fouiller dix minutes ou mettre la tête dans le sac), il y a là sans doute une légère exagération. Les papiers les plus indispensables (permis de conduire, carte bancaire, etc.) ont une nécessaire stabilité, et les souvenirs aussi sont triés (car la mémoire est toujours reconstruite par le présent). Mais plus que la réalité des faits, l'important pour Ninon est *sa* vérité, celle qu'elle veut nous faire entendre : le repère des repères est dans l'amour des proches porté sur soi.

Il y aurait encore tant de choses à dire ! Car vider et remplir est infiniment plus complexe qu'il n'y paraît. Dans ces quelques lignes qui ne font qu'effleurer le sujet, j'ai fait comme si le système personnel de chacune était régulier. Or, tout au contraire, il est très souvent fait d'à-coups, de revirements impulsifs, de minirévolutions permanentes. Sans compter les contextes de l'existence, qui nous donnent à jouer des rôles différents, et changent ainsi la donne. Prenez Coco. Elle venait de m'envoyer une longue explication sur le principe de légèreté qui guiderait désormais sa vie, et elle reçoit ma réponse au moment même où elle s'apprête à partir pour dix jours en Californie. « Votre mail m'interpelle de nouveau, alors que j'avais presque bouclé mes valises et mon sac bien remplis ! Donc en ce qui me concerne, ce soir, je suis en plein questionnement sur le contenu de mon sac. Autant vous dire que je suis en pleine contradiction avec moi-même… Après réflexion, je le vide encore un peu, il devra rester léger, avec un passeport, une carte visa et quelques devises ! » De grandes variations de méthodes et de principes se manifestent au cours d'une existence, voire d'une journée à l'autre. Et à l'inverse, des rituels répétitifs qui peuvent avoir une portée symbolique cruciale, y compris quand ils semblent minuscules. Voyez Rose. Les soirs ordinaires, en semaine, elle opère un tri simple. Mais le vendredi, c'est différent. À peine arrivée chez elle, elle retire son badge professionnel de son sac. Il ne l'aurait guère encombrée pendant le week-end. Dans sa tête cependant, c'est bien différent. Le simple fait de retirer le petit objet marque une transition, décisive : elle change d'univers. Le sac peut rythmer le basculement des valeurs et construire l'ambiance de la vie. « Mon badge professionnel, je le retire de mon sac le week-end pour oublier le travail… Je retire mon badge de mon sac car j'ai besoin de faire une rupture avec ma vie professionnelle qui est souvent pesante. Ainsi j'ai l'impression de me sentir libre de toute contrainte. »

10. Combien de sacs ?

Peu de femmes (dans les pays occidentaux) ont un seul sac. Et celles qui en ont le moins doivent souvent, comme Tine, savoir résister à la tentation. « J'adore les sacs mais comme je suis également très raisonnable et surtout pas *fashion victim*, j'en achète peu. » Elle en possède deux, « un sac d'hiver et un sac d'été », qu'elle « réutilise d'une année sur l'autre ». Les femmes qui déclarent porter le même sac dans la semaine signalent en fait simplement qu'elles ont un compagnon régulier. Mais qui n'exclut pas quelques petites infidélités, pour une sortie, ou pour les vacances. L'important pour elles n'est pas le nombre de sacs possédés chez soi, mais le fait qu'elles soient ordinairement fidèles à leur compagnon régulier. Comme dans le domaine amoureux, la fidélité, si elle ne permet guère d'atteindre d'aventureuses intensités passionnelles, offre en contrepartie beaucoup de confort d'existence. En ce qui concerne les sacs, la manipulation quotidienne est nettement facilitée.

Une série d'oppositions temporelles (journée/
soirée ; semaine/dimanche ; hiver/été) pousse à
augmenter un peu le nombre de sacs, y compris pour
les plus monogames. Il est à noter d'ailleurs combien
l'impact des ruptures saisonnières reste fort, s'inscrivant dans une longue tradition comme le montre
l'histoire de Tine. « Le sac d'hiver, souvent noir, ne
sert que jusqu'en avril environ (je trouve que ce n'est
pas très joli le sac noir avec des vêtements plus vifs,
plus légers et des sandales). Et puis c'est également
l'héritage maternel. À Pâques, traditionnellement,
ma mère sortait les vêtements d'été et rangeait les
affaires d'hiver, et je me revois aller à la messe avec un
petit sac de fille… Donc ensuite je sors le sac d'été,
souvent moins cher, car j'ai remarqué qu'il ne me
faisait guère plus de deux saisons de suite. Il peut être
de couleur, en toile, encore plus grand, on le pose
facilement par terre aux terrasses des restaurants, il
vit moins bien. L'automne arrivant, je ressors le noir,
qui lui me fait trois ou quatre ans. » Isabelle aussi est
très marquée par les saisons, avec plus de sacs, mais
dans un système très structuré qui ne laisse guère de
place à l'improvisation. « J'ai trois sacs pour l'été
(colorés, en toile…) et trois sacs pour l'hiver (noir,
marron, rouge) en cuir. J'ai des minisacs pour sortir
le soir (où je ne mets que l'essentiel : de l'argent, téléphone portable, rouge à lèvres, mouchoirs en papier,
plan de métro). »

Vider et remplir est un exercice très différent selon que l'on est monosac ou polysac. Pensez seulement à Lilou et à ses cinquante partenaires : quelle vie de folie ! Pour comprendre ce qui l'agite, il me faut ici introduire un élément nouveau. Nous avons déjà commencé à voir combien le sac n'était que paradoxes et contradictions. Mystère ou pas mystère ? Objets utilitaires ou affectifs ? Tout prévoir ou aspirer à la légèreté ? Et la liste pourrait se poursuivre. Mais la plus importante des oppositions est la façon dont le sac est associé à la personne et construit son identité. Deux cas de figure se présentent. Ils renvoient à deux mondes, deux visions du sac, qui ont peu de choses en commun, sinon quand ils entrent en conflit ouvert.

Le premier monde a été au centre de ces premières pages. Il est celui de l'extension de soi par le sac, gardien des objets permettant d'affronter les événements de la vie, le petit musée des affects et de la mémoire intime. Il porte un peu de soi par ses secrets. Mais tout ceci dans la discrétion. Car son ambition la plus haute est de se faire oublier, d'être un compagnon serviable et docile rendant la vie plus légère par son effacement. C'est d'ailleurs pourquoi l'agacement est intolérable, alors que le sac se manifeste, et de la pire des façons ! L'idéal corporel est celui de l'économie et de la fluidité des gestes.

Le second monde est l'inverse point par point du premier. Non plus l'intime et les secrets mais l'extériorité de l'image de soi donnée à voir. Non plus la discrétion obéissante mais la mise en avant spectaculaire. Oubliées toutes les choses du dedans du sac. Ce qui compte désormais est son apparence, sa forme, son style, sa matière, sa marque. Arborés haut et fort. Comme autant d'éléments, d'affirmation de soi et de distinction sociale. Distinction sociale ? Que nenni, diront une majorité de passionnées. Ce qui compte avant tout est le coup de cœur, le coup de foudre, le coup de folie pour un sac. Le désir à l'état pur, à en donner des frissons ! Nous verrons cela bientôt. Pour le moment, je me contente de signaler pourquoi certaines ont beaucoup de sacs. Sidonie par exemple. « En ce moment je suis dans ma folie "il faut que je m'achète de nouveaux sacs pour aller avec mes nouveaux vêtements" ! Il m'en faudrait un gris, un rouge, et un tout coloré. » Cela n'a rien à voir avec les nécessités et les problèmes des manipulations continuelles. Comme Sidonie, elles achètent pour d'autres raisons. Elles sont alors dans un monde radicalement différent. Pourtant cela va bel et bien changer par la suite leurs gestes du rangement quotidien.

Que faire quand chaque matin on hésite entre cinq ou dix sacs différents ? Hanouk a mis au point une technique. Elle ne transfère qu'un petit groupe d'objets nomades, toujours les mêmes (papiers, clés, téléphone, porte-monnaie). Tout le reste des « essentiels » a été démultiplié en huit exemplaires (elle a huit sacs). Une petite difficulté vient des pastilles, dont nous avons vu qu'elles étaient jetées en vrac au fond, et qui peuvent rester là longtemps. « Le seul hic, ce sont les pastilles bio qui n'ont pas toujours résisté. » Elle ajoute enfin un livre, qui varie de format, ce qui peut influer sur le choix du sac. « En ce moment je suis obligée d'avoir un sac plus gros à cause du livre que je suis en train de lire. » Nora a à peu près la même organisation, en légèrement plus compliqué puisqu'elle a séparé ses sacs en deux catégories : les « préférés » et les « autres ». Comme Hanouk, Nora a sa « base absolue, transférable de sac en sac (portable, clés, porte-monnaie) ». Puis il y a les objets « indispensables » : « Mouchoir, crème pour les lèvres, miroir, aspirine sont les indispensables. Mes sacs préférés ont chacun les leurs. Les autres se les transfèrent. » Ou, plus exactement, c'est elle qui les transfère dans les sacs de seconde catégorie, quand ils ont le bonheur d'être choisis et de sortir de l'ombre. Il existe enfin un dernier groupe d'objets (« crème pour les mains, crayon à yeux, stylos, petit bloc-notes, grigri, pastilles pour la gorge, sparadrap »), qui eux sont ajoutés au coup par coup, et ne sont donc pas en doublon dans les sacs préférés.

Avoir beaucoup de sacs est plus facile à gérer quand on parvient à se limiter à un petit nombre d'objets transportés, standardisés et bien organisés. « Le peu de choses qui remplissent mon sac (agenda,

portefeuille, miroir, rouge à lèvres, accroche-sac)
sont facilement transférables d'un sac à un autre, et
organisées de la même façon : petits éléments fermés
dans une poche intérieure et portefeuille et agenda
laissés dans l'espace principal. » (Sabrina) Évidemment, quand s'y ajoutent des foules de grigris,
souvenirs et carnets de toutes sortes, c'est une autre
histoire. Les très gros sacs sont souvent monogames.

Avoir beaucoup de sacs implique aussi de devoir
élaborer une méthode de rangement pour les sacs
eux-mêmes. Généralement divisés en plusieurs catégories : les favoris, à portée de main, et les seconds
choix, plus éloignés. Les dix sacs préférés de Céline
sont « pendus à une barre contre le mur, derrière
une commode. Les autres sont rangés dans un tiroir.
Je les utilise différemment, en fonction de leur
forme, de leur grosseur, de leur couleur, etc. ». Nora
a encore plus de sacs. « J'en possède… beaucoup. »
Ceux qu'elle aime le plus ne sont pas seulement
rangés près d'elle, mais disposés sur une sorte d'autel
des dévotions païennes. « Mes préférés sont divisés
en deux groupes : les moyens-grands (huit), alignés
sur une petite table en bois, bien visibles, à côté de
mon armoire, et les petits, juste assez grands pour
contenir mon portable, un mini porte-monnaie et
mes clés (sept en tout), suspendus sur une tige solide
en bambou au-dessus de la petite table. Ils constituent une véritable présence et j'aime pouvoir les
observer, les choisir. Les autres, les "2e choix", les

"difficiles à sortir" (type sac en toile d'été, sac de soirée, ou sac à tenir sous l'épaule) ou les "anciens troués mais que je n'arrive pas à jeter" (une bonne dizaine) sont rangés à l'intérieur de l'armoire, sur un étage qui leur est dédié. »

Les femmes aux sacs multiples ont presque toutes mis au point un système perfectionné pour transférer ou répartir les contenus. Système qui apparaît bien complexe à l'observateur, mais l'est beaucoup moins vu du dedans ; car la répétition de l'expérience forge des automatismes gestuels. Reste cependant le choix du sac, qui lui ne peut être automatisé (et que personne ou presque ne souhaiterait qu'il le soit !). Quel sac élire parmi tous ceux qui attendent ? (Certains depuis si longtemps !) Ici encore, les techniques divergent. Les unes opèrent par le contenu plutôt que par le contenant. Emma consulte d'abord la météo. S'il y a risque d'averses, elle prend son parapluie, ce qui l'oblige donc à éliminer ses petits sacs. Parapluie implique gros sac. Le cœur d'Alexa balance entre sa minuscule pochette et son grand fourre-tout (elle est très éclectique dans ses amours de sacs). Mais sa décision est toujours prise, comme Emma, à partir du contenu, selon les scénarios de la journée, notamment ses trajets. « Mes temps de transport étaient longs, environ quarante-cinq minutes en train de grande banlieue, ce qui nécessitait autant d'occupations diverses et variées. Mon petit sac à main ne pouvait absolument pas m'occuper puisqu'il ne contenait rien de passionnant. Prendre un grand sac fourre-tout, c'était aussi pour y glisser plein de lectures, de musiques, de passe-temps que je ne pouvais pas me procurer *via* un tout petit sac. Alors je suis tout à fait d'accord avec vous pour dire que je ne m'étais habituée au petit sac qu'en surface ; le gros sac était une porte ouverte sur le "champ des possibles", qui occuperait la femme que je suis pendant ces longues heures de transport ennuyeuses. Je fais d'autant plus ce parallèle avec ces longs moments de trajet solitaire que je travaille aujourd'hui à quinze minutes à pied de chez moi, et que je ne me déplace plus qu'avec un tout petit sac. Je n'ai pas besoin d'occuper mon temps de transport. Par contre, je retourne quelquefois à la fac, je mets trente minutes pour y aller, mais je prends systématiquement un gros sac, que je remplis de tout le fatras habituel… Aussi bien pour mon petit temps de transport, que (je l'avoue) pour m'occuper lors de certains cours un peu ennuyeux… Je crois que mon remplissage de sac s'explique par ce besoin de meubler l'ennui. C'est comme une certitude révélée, une évidence : un gros sac occupe beaucoup plus, il appelle à le remplir (ça aussi ça occupe) et quand on part loin de chez soi toute la journée, avec de longs temps de transport, c'est un formidable compagnon de route ! C'est précisément cela, l'univers qu'il représente, mon gros sac… »

Et puis il y a l'inverse, le choix par le contenant et non par le contenu. Le plus fréquent chez les femmes polysacs. Car elles sont d'abord et avant tout des passionnées, des amoureuses des sacs. Pour elles les commodités de la vie ne peuvent venir qu'après. Combien de fois n'ont-elles pas pris un sac mal adapté aux besoins de leur journée ! Qu'importe, l'essentiel était ailleurs. Met-on des talons hauts parce que c'est confortable ? Non, bien sûr ! Eh bien les sacs, c'est pareil : quand le désir du look tenaille, rien d'autre ne saurait compter. Écoutez cette mélodie amoureuse de Natacha : « J'en possède au moins une trentaine, tous différents, tous indispensables, tous beaux, tous uniques ! Bref, si je dois en changer tous les jours pour les accorder à mes tenues, je le fais ! » Sidonie n'en a pas trente ; juste dix. Ce qui ne l'empêche pas d'hésiter beaucoup. Car il ne s'agit pas seulement d'harmoniser avec sa tenue vestimentaire. Au-delà des formes et des couleurs, pourquoi choisit-on tel vêtement plutôt que tel autre ? Pour son aspect adapté à ce que l'on devra faire ? Pour plaire ou pour se plaire (ce qui en fait revient au même) ? Sidonie, elle, fonctionne surtout à l'humeur. Son humeur détermine un type de vêtement, donc un type de sac. « Je l'accorde toujours à ma tenue du jour, il est à la fois pratique et à la mode, et j'en possède au moins une dizaine pour l'accorder avec mon humeur ! » Problème, si je puis dire, des événements heureux ont changé radicalement son humeur depuis quelques semaines. Le cœur léger désormais, elle rêve de gaieté et de couleur. Or les dix sacs sagement rangés, attendant d'être choisis, avaient été achetés à une tout autre époque. Entre noir et marron, les sacs sombres tremblent sans doute déjà en silence, craignant que leur heure soit venue d'être relégués. « En ce moment je suis plutôt heureuse, et ça se ressent dans mes vêtements. Et, aussi bizarre que cela puisse paraître, je ne suis plus satisfaite des sacs que j'ai actuellement. J'ai envie de couleurs, de chaleur, de gaieté dans ce que je porte (que ce soient vêtements ou sacs). Je n'ai que des sacs noirs ou marron et je n'en peux plus ! Mon humeur joviale veut de la couleur et dès que je trouve un sac avec des dessins roses, rouges ou vert pétant, je ne peux m'empêcher de le vouloir à tout prix ! J'ai besoin de fraîcheur visuellement, vous voyez ? »

11. Coups de foudre

« J'ai eu mon premier coup de foudre devant la vitrine d'un artisan maroquinier, où je passais plusieurs fois par semaine en allant au lycée. J'étais sûre que ce sac était pour moi, même si je ne possédais pas l'argent pour me l'offrir. Lorsque j'ai eu mon bac, sachant que je ne remettrais plus les pieds dans cette ville, je suis entrée dans la boutique, et je me suis acheté le précieux sac. Patiemment, j'avais économisé la somme nécessaire. Il m'avait attendue. » Carole conserve toujours ce sac pas comme les autres, accroché dans son bureau bien qu'il ne serve plus. Souvenir nostalgique d'un premier amour. Les motifs qui président à l'achat d'un sac sont divers : prix, aspects pratiques, etc. L'essentiel est cependant ailleurs. « Il faut qu'il soit d'une couleur assortie à mes chaussures », nous dit Djamila. « En fait, moi, c'est surtout qu'il faut que je trouve le sac fabuleux qui va faire bisquer mes copines, les rendre folles de jalousie », ajoute Emily.

Un achat sur deux se fait sur un coup de cœur[1]. Et assez souvent il s'agit d'un véritable coup de foudre, le mot n'est pas trop fort. L'excitation est telle parfois qu'elle pourrait mener aux comportements les plus extrêmes... jusqu'à des pensées de meurtre... du moins, dans l'univers romanesque de Dorothy Howell[2]. Sans aller aussi loin, Valmontine doit quand même sans cesse se retenir. « Il y en a eu beaucoup, et il y en aurait beaucoup plus si je ne réfrénais l'impulsion presque pathologique, animale, que me procure la vue d'un sac trônant au milieu de ses semblables. Je suis pourtant loin d'être une fashionista, mais j'entretiens une relation viscérale avec eux. »

Un coup de foudre, c'est d'abord l'histoire d'une rencontre, imprévisible et imprévue, comme marquée du sceau du destin[3]. Qui rompt avec l'ordinaire et irrésistiblement nous emporte. Marion explique très bien pourquoi elle ne semblait pas prédestinée à vivre cet événement extraordinaire. « J'ai un look chic-basique et n'occupe pas mes journées à me préoccuper de mon apparence. Je suis jolie, tant mieux, et ça suffit comme ça. Si je n'ai rien à me mettre, j'emprunte un pull à mon copain. » Et puis un jour... « J'ai vécu avec un sac une véritable rencontre. Comme toujours vêtue classiquement, je m'étais rendue dans une boutique de sacs pour trouver un cadeau, quand j'ai aperçu un sac dont la forme, la couleur, la silhouette

– j'ignore quels mots peuvent définir un sac – m'ont touchée par leur beauté. Je me suis permis de le prendre dans les mains, aucune vendeuse ne m'avait encore sauté dessus, et pour la première fois je me suis sentie "habillée par mon sac", sensation jusqu'alors tout à fait inconnue. Il redéfinissait mon vieux jean, il redéfinissait mes vêtements, et redéfinissait ma personne extérieure, en donnant tout son sens à mon look. Il était un délicieux chocolat, un exquis moment d'ivresse, il était un instant de luxure. » Peut-être voulait-elle dire « un instant de luxe et de volupté » ? Mais luxure peut aussi convenir, car c'est bien de jouissance qu'il s'agit. Et au-delà de ce plaisir charnel, il y a encore bien davantage, plus surprenant encore.

Nous avons oublié ce qu'était le romantisme à ses origines. Car il s'est réduit désormais à un simple décor de douceurs sentimentales, pas désagréable mais oublieuses des violences existentielles des débuts. J'ai raconté cette histoire dans un autre livre [4], en m'appuyant sur les travaux remarquables de Denis de Rougemont. Le romantisme initial, comme les autres formes de passions amoureuses qui l'ont précédé, est l'héritier des religions anciennes qui cherchaient un monde de lumière. Il est un arrachement total à l'ordinaire de la vie, pour inventer un monde nouveau contre le monde existant, par le moyen des vibrations émotionnelles et sentimentales. Bien, direz-vous, mais il ne faut quand même pas tout confondre, il y a loin entre ces hauteurs spirituelles et le simple achat d'un sac, aussi craquant soit-il ! Ne serait-ce que par le fait de garder généralement les pieds sur terre en évaluant son prix (quoique parfois…). Certainement, certainement. Mais il reste quand même un petit grain du grand romantisme dans toute passion, serait-ce pour un sac. Car, d'un seul coup, l'on peut décrocher de la vie ordinaire, s'envoler ailleurs, dans un monde de beauté, porté par un souffle d'émotions enveloppantes. Marion ne pouvait plus revenir à la « vie normale ». « Je l'ai sagement reposé dans le magasin, satisfaite de ce moment, puis je suis retournée à la vie normale. Mais après quelques minutes et ayant réalisé que son prix, bien qu'élevé, n'était pas scandaleux et surtout ne représentait pas un découvert potentiel, je me suis rendu compte que j'y pensais encore et que je ressentais son absence. » Elle en parla alors à son compagnon qui, la voyant si émue et joyeuse, accéda à sa demande (on imagine mal comment il aurait pu faire autrement). Elle retourna à la hâte vers le magasin, portée par un « vrai ravissement ».

La rencontre déclenche un élan émotionnel qui souvent ne dure qu'un temps ; les passions ont pour nature d'être périssables. Mais il arrive aussi qu'elles puissent changer toute une vie. Carole était comédienne. « Déjà, pendant mes études de théâtre, je me confectionnais des sacs comme d'autres se fabriquent des armures. » Jusqu'au jour où l'amour des sacs fut trop fort. « Les sacs à main et moi, c'est une histoire d'Amour. » Elle se lança dans la fabrication, « chez l'un des plus grands maroquiniers français (celui aux initiales) ». Et, nullement égoïste, elle rêve aux sentiments que d'autres pourront ressentir. « Des sacs, j'en vois passer tous les jours des centaines, et c'est toujours avec le plus grand bonheur que je rêve à la personne qui aura le coup de foudre pour tel ou tel modèle, j'imagine sa vie, l'endroit du monde où elle se trouve, comment elle investira cet objet. » L'amour de cette chose très particulière a changé sa vie. « Mes anciens camarades acteurs ne comprennent pas cette passion, mon mari non plus, d'ailleurs. »

Le choc amoureux qui entraîne hors du monde ordinaire ne peut se produire n'importe quand, n'importe comment. Le destin n'a rien à y faire, et même si le hasard des rencontres peut jouer un rôle important, l'essentiel est dans les dispositions personnelles préalables. Tout le monde n'est pas sujet au coup de foudre ; il faut être prêt à l'accueillir. Et pour qui ressent ces passions, comme Nora, la magie n'opère que lorsqu'elle est déjà parvenue à se sortir du carcan de la vie habituelle. « Pour qu'un sac fasse naître un désir (je pense qu'on peut vraiment parler de désir et de passion, pris dans des sens proches de l'état amoureux), je crois qu'il faut effectivement que je sois disponible, vous avez raison. En y réfléchissant, l'effet provoqué par un sac n'arrive pas n'importe quand, mais bien souvent dans des instants où je suis détendue, en balade, hors du quotidien. » C'est particulièrement le cas en vacances, à l'étranger (combien de sacs rapportés de ses voyages !). « Mais j'achète aussi des sacs près de mon domicile, dans ma vie quotidienne. Il faut là aussi un instant de disponibilité. Un jour de congé. Une balade en ville. Un premier jour de printemps. Un café avec des amis qui précède. Une journée de travail terminée et à mettre derrière moi. Bref, un instant où mon esprit est léger, disponible, ouvert à une nouvelle aventure, ou même une nouvelle vie si j'ose dire. (C'est drôle comme la similitude avec la rencontre amoureuse se fait jour…). Je ne crois pas me souvenir avoir jamais repéré un sac un jour où j'étais stressée, où je partais au travail par exemple. Je fais parfois du shopping lorsque je suis dans un état d'esprit sombre, déprimée, mais ce n'est pas du tout le même mécanisme qui se déclenche à ce moment-là. Il s'agit alors plus d'achats compulsifs mais dans mon cas, je n'achète pas de sacs à main, plutôt des vêtements… Comme si vraiment le sac était un accessoire à part, qui demandait un état d'esprit très particulier. »

Tout n'est pas que passions dans la vie, bien sûr. La passion est un envol magnifique, mais où l'on peut aussi se brûler les ailes. Comme dans les amours humaines, beaucoup de femmes préfèrent donc se raisonner plus froidement, ou tout du moins, réfréner un peu les ardeurs émotionnelles en les passant au crible de la réflexion. Carole n'a eu qu'un seul vrai et grand coup de foudre dans sa vie. « J'ai rarement eu d'autres coups de foudre, mais j'ai eu bien d'autres sacs, plus pratiques, mieux adaptés à ma vie. Je suis devenue plus raisonnable… » Nina essaie de se contrôler. « Bien sûr, cela m'est souvent arrivé d'acheter des sacs pour leur aspect esthétique uniquement. Fatalement je ne les utilise qu'en de rares occasions puisqu'ils sont moins pratiques et souvent m'ont coûté cher ! Je les conserve très précieusement, à vrai dire. Mais aujourd'hui je tente de rationaliser ma consommation, dans le sens où je suis lasse d'accumuler des choses qui ne correspondent pas exactement à mes besoins. » À peine Nina m'avait-elle envoyé ce message qu'elle m'écrivait à nouveau, pour me signaler qu'elle venait de craquer pour un sac. Mais ce n'était pas la même chose, m'affirmait-elle, parce que celui-là était vraiment parfait, extraordinaire !

Comme toute expérience amoureuse, le coup de foudre pour un sac prend aussi, surtout, la forme d'un récit. Il n'y a pas d'amour sans histoires d'amour. Ces récits doivent normalement respecter une forme canonique. Dans mon livre *Premier matin*, quand j'avais interrogé les couples sur les circonstances de leur rencontre, j'avais été frappé par leurs excuses préliminaires : « Oh ! vous savez, notre histoire à nous, elle est un peu particulière... » Une majorité s'imaginait ne pas correspondre au modèle ! Car il y avait eu toute une série d'événements et de péripéties, des hésitations, des personnages divers alors qu'ils étaient censés être seuls au monde. Le modèle parfait était celui d'une révélation au premier regard, alors que leur vie était plus compliquée (et plus riche). Or pour le sac (pour moi, c'est un vrai bonheur) il y a au moins sur ce point une petite divergence avec les amours humaines. Certes le récit est ici aussi reconstruit et magnifié *a posteriori*. Mais les anecdotes surprenantes ou incongrues y sont volontiers introduites. Voire les calculs financiers. Car réussir en plus une bonne affaire peut gonfler la valeur de l'événement. Écoutez ce récit de la fée Zoé. « Mon sac, c'est une histoire d'amour, une véritable rencontre... Ce sac gris "Zoé la fée", je l'ai rêvé, je l'ai admiré des mois durant sur un site de vente en ligne.... 180 euros pour l'objet de mes délires... Puis j'ai oublié. Mais oublié comme on oublie un premier amour... juste rangé dans un coin de ma tête. Et puis, un dimanche d'octobre, au détour d'une brocante, je l'ai vu ! Traînant par terre dans un carton à côté d'un monticule de pompes esquintées. J'ai tiré sur la sangle en chiffon décoloré. Et là... on s'est reconnus ! "10 euros !" m'a dit la vendeuse. J'ai dégainé le billet plus vite que Lucky Luke, et c'est les joues fumantes que je suis repartie serrant sur mon cœur ce trésor ! Il est simple, il est grand, il est gris avec un Z, et il trimbale une bonne partie de ma petite vie. Il m'a accompagnée dans des moments difficiles. Il était là serré contre moi et j'ai senti que lui et moi, c'était pour la vie. Il fut ma béquille et il est mon trésor. »

Nora n'a pas eu qu'un seul coup de foudre dans sa vie. Ses amies pensent qu'elle est une passionnelle récidiviste ; elle n'est pas d'accord. « C'est un objet qui me fascine, depuis l'adolescence. La plupart des personnes qui m'entourent ne comprennent pas mon obsession pour les sacs à main, et encore moins ma capacité à en acheter "sans cesse" de nouveaux. De mon point de vue, j'en achète en fait très peu. » L'achat d'un nouveau sac est un rituel amoureux particulièrement raffiné. Comme dans le code courtois, il suit des étapes progressives, qui font monter le plaisir, et franchit des épreuves. Mais à la différence de l'amour courtois, les mains de Nora entrent très vite en action. Il lui faut toucher, caresser cette peau, sentir son contact. « Je n'achète pas n'importe quel sac. Je fonctionne au coup de foudre. Lorsque je repère un sac, il faut qu'il me plaise. Il y a quelque chose de l'excitation amoureuse dans la première approche vers le sac. Je le repère généralement de loin, dans la rue, ou de l'entrée d'un magasin. Dans les quelques pas qui me séparent de lui, je sens souvent mon cœur battre :

"Est-ce que ça pourrait être lui ?" Ensuite, l'approche se fait plus précise… je le regarde, puis je le touche. Est-il doux, rugueux, à travailler, comment est-il fini, y a-t-il des poches, des intérieurs secrets, est-il singulier ? Je suis particulièrement attentive aux sentiments qu'il m'inspire, aussi bien lorsque je le regarde que lorsque je passe ma main dessus. Il faut qu'il m'émeuve d'une manière ou d'une autre. » Puis vient le travail de l'imaginaire. Il ne suffit pas que le sac puisse l'émouvoir. Il faut aussi qu'il puisse se révéler le compagnon merveilleux qui rehaussera ses identités futures. Elle l'intègre donc dans les scénarios du possible de son petit cinéma secret. « Un sac de premier rendez-vous ? De première nuit passée ensemble ? Un sac de rupture ? De rendez-vous professionnels ? Un sac de voyage en solitaire ? Un sac de bout du monde ? Un sac de week-end ? Enfin je l'essaie, je fais quelques pas avec lui. Je m'imagine dans ma vie avec lui. Me ressemble-t-il ? Quelle image transmet-il de moi ? Aurai-je du plaisir à plonger ma main dedans ? Puis, je me projette littéralement avec lui : que vais-je y mettre ? Dans quelle poche ? Avec quoi vais-je le porter ? Autant dire que peu de sacs passent toutes ces épreuves… » Ses amies toutefois sont d'un avis différent.

L'amour du sac est si intensément vécu, et si souvent raconté, que celles qui ne l'éprouvent pas peuvent finir par se questionner sur leur normalité.

Écoutez cette confession étonnante de Sharan, qui est à deux doigts d'aller consulter un psy. « Je n'ai pas de sac, je n'arrive pas à en avoir un. J'ai pourtant essayé et compté sur un cadeau, sur un toucher de cuir qui me séduirait, une forme qui serait pratique, etc. Et puis : rien ! Rien ne vient. Je n'éprouve pas l'envie d'en avoir un ou d'en utiliser un. En ce moment, je me promène avec... un sac plastique ! Qui comprend les papiers que je dois classer, un paquet de mouchoirs, mon badge professionnel. » Rassurez-vous, Sharan, une thérapie me semble inutile. Mais il est vrai que le sac à main n'est pas un simple accessoire (le mot est particulièrement mal adapté tant il est au contraire primordial). « Notre sac à main fait notre bonheur, dit Coco. Oui, je vous le dis, sans lui il nous manque quelque chose. D'ailleurs, il est comme un homme. » Le coup de foudre pour un sac nous avait déjà été raconté avec les mots de l'amour. L'analogie sac-homme se précise. « J'entends souvent des copines dire "Je ne trouve pas le sac idéal", un peu comme une femme qui cherche l'homme idéal ! Vous regardez dans ses placards, elle en a des noirs, des marron, des gris, des verts, des rouges, des petits, des grands, en bandoulière, en sac à dos... Un peu comme les hommes qu'elle a collectionnés toute sa vie et qu'elle jette à chaque déception... » Coco exagère un peu : on change plus facilement de sac que de mari (et les ex ne restent pas aussi sagement

113

rangés et disponibles). Mais le processus amoureux est tellement proche qu'elle a envie d'en parler avec les mêmes mots. Une manière aussi de dire combien l'intensité émotionnelle peut être grande pour un simple sac à main.

Ce n'est jamais moi qui ai incité les femmes à parler ainsi dans l'enquête. L'envie de forcer l'analogie venait d'elles, irrésistiblement, à mesure qu'elles plongeaient dans leur expérience pour l'exprimer. J'ai même dû parfois réfréner les élans en précisant qu'un sac n'était pas exactement un homme et que la manifestation des émotions divergeait sur quelques points. Prenez Frida. « Un sac se choisit un peu comme un homme. Il faut qu'il nous plaise, bien sûr, mais pratique surtout ! Ni trop dur, ni trop mou : trop dur, une fois posé, il tombe ; s'il est trop mou, une fois posé, il laisse entrevoir tout son contenu. Un sac se choisit au coup de foudre. Un sac, on le touche, on le respire, on l'ouvre tout doucement, on inspecte le nombre de rangements, on teste sa solidité. Plutôt en avoir peu mais de bonne qualité. Comme les hommes ! » Je lui signalai que son témoignage était très drôle, mais que le côté « pratique » de l'usage d'un homme revêtait toutefois un caractère secondaire, surtout comparé à l'aspect pratique d'un sac qui, lui, est essentiel. Je lui fis remarquer également qu'elle fonctionnait beaucoup à l'odorat et au toucher dans son amour des sacs, et que dans la rencontre amoureuse avec un

homme, d'autres éléments entraient en considéra-
tion. Elle persista dans son idée. « Parfois on
rencontre un homme qui nous séduit par ses
paroles, son charisme, son mystère. En se rappro-
chant de lui, on sent son odeur corporelle et…
on réalise qu'une relation charnelle ne peut être
possible. On ne caressera jamais son épiderme et il
ne caressera jamais le nôtre. Avant d'acheter un sac,
le besoin de le toucher et de le sentir est impérieux.
Un sac qui nous plaît et qui est fonctionnel, s'il a
une mauvaise odeur, on ne l'achètera pas, même si
on nous le donnait, on ne le prendrait pas. Cet
élément est aussi important que sa forme, sa
couleur, son format… L'odorat, c'est la mémoire de
l'émotion. Plus jeune, il m'arrivait même de dormir
avec certains sacs tant leur odeur m'était "familière"
et agréable. Quand j'en change, c'est que je les
donne ou je les échange, je ne les jette jamais. » En
fait, je crois que j'ai fini par comprendre un peu
mieux Frida, et ce qu'elle essayait de m'expliquer :
son rêve serait de pouvoir choisir un homme
comme elle choisit un sac. L'amour des sacs, et sa
sensualité à fleur de peau, est pour elle la référence
absolue.

Pour Nora, le coup de foudre commence par le
regard ; le toucher n'agit qu'ensuite. Il opère une
transition entre deux phases de la rencontre amoureuse. Au premier regard, c'est le sac qui déclenche
l'émotion et l'entraîne dans son univers. Elle nous a

déjà expliqué qu'elle, au contraire, doit être disponible pour que l'élan émotionnel prenne toute son ampleur. Puis une inversion commence à se produire avec le toucher ; elle reprend la main, c'est elle désormais qui va introduire le sac dans son propre univers. Elle me l'avait précisé, sans trop développer. Je lui demandai alors si elle ressentait bien ce retournement. « Je pense que vous avez tout à fait raison sur le fond. Je pense effectivement qu'il y a une sorte de mouvement d'appropriation en deux temps, comme si, une fois dans un état d'esprit disponible et attentif à la rencontre potentielle, c'était littéralement le sac qui m'appelait et s'imposait à moi, en déclenchant des émotions que j'accepte. Il y aurait ensuite une phase de test, dans le magasin même, que je vous expliquais dans mon précédent mail, avec l'idée de toucher le sac, de me l'approprier, de voir s'il pourrait correspondre à quelque chose dans ma vie, où je pourrais le porter, etc. Ensuite, si la rampe est passée, il y a une phase de cohabitation, s'observer presque, et tester le sac, la première sortie. » La première sortie est un moment décisif. « Je me prépare et je "le" prépare… Qu'y mettre ? Dans quel ordre ? Il y a les indispensables, qui peuplent chacun de mes sacs, mouchoirs, crème pour les lèvres, miroir de poche, aspirine. Puis la sortie elle-même, qui doit correspondre à l'idée que je me fais du sac… puis la rentrée, qui permet un bilan et un éventuel réajustement. Le sac était-il adapté à la situation ? » Si l'épreuve est concluante, le sac peut alors s'installer dans l'ordinaire profond de son être. « Enfin, dernière phase, le sac fait partie de moi, de ma vie, il a sa place parmi les autres sacs et fait partie du choix qui s'offre avant une sortie. »

Après le coup de foudre, l'émotion suit une courbe caractéristique. Au début, même intégré dans l'univers personnel et manipulé d'une façon routinière, sa seule vue déclenche encore des émotions fortes. « Dans la maison, l'heureux élu du moment ne me quitte jamais : au pied du bureau quand je travaille, au pied du canapé quand je regarde un film, au pied de la table quand je mange, au pied du lit quand je dors. » (Valmontine) Nora installe aussi le nouveau venu dans un statut particulier, favorisant l'adoration. « Au départ, je ne place pas le "nouveau" avec les autres. Je le place à un endroit bien en vue (table de cuisine, salon, portemanteau, voire en face de mon lit), pour pouvoir l'admirer. » Puis l'objet tant aimé s'intègre dans une familiarité plus ordinaire, une tendresse cachée, une complicité implicite ; comme il arrive là aussi bien souvent dans les amours humaines. Et comme dans les amours humaines, tout est bon pour raviver la flamme de la passion. Encore et encore, Zoé ne cesse pour cela de raconter le mythe des origines, et de la prolonger dans un imaginaire de la transmission encore plus improbable. « Aujourd'hui vendredi 19 mars, il est toujours mon précieux coéquipier, c'est une vraie histoire d'amour. Parfois je le laisse un jour (voire deux) pour un autre, mais la relation n'est pas pareille ! Lui et moi c'est le vrai coup de foudre, d'ailleurs il fait partie de ma vie mais aussi de ma famille ! Mes filles l'aiment autant que moi et se disputent déjà "l'héritage" : "Maman, quand je serai grande et que tu ne le voudras plus, tu me le donneras ? allez dis" ! Eh bien oui, je leur donnerai mon sac. Je l'ai encore plus aimé du fait qu'il soit là à zoner au milieu d'un fatras qui ne lui ressemblait pas, comme s'il m'attendait ! Je crois encore aux contes de fées ! » Le pauvre sac en toile risque toutefois d'être bien fatigué quand viendra le temps de l'héritage ; la fée devra réaliser d'incroyables prodiges !

L'usure du sac aimé est un crève-cœur insupportable. Tant que l'outrage des ans reste modéré, la tactique amoureuse consiste à refuser de voir l'évidence. Il est aussi beau qu'au premier jour, et il ne peut en être autrement ! Ses affaissements, ses rides, ses petites déchirures, sont invisibles. Il reste parfait. Il est magique. « Il est un vieil amour, mon cadeau "de moi à moi", la flatterie que je me suis faite… Il est resté splendide, aussi parfait qu'au premier jour, et suscite toujours une multitude de réactions quelle que soit la saison, bien que sa préférée soit l'été. Il est un bel objet rassurant. Il est d'ailleurs si extraordinaire qu'il est mon seul sac qui me permette de transporter un ou deux livres – pas nécessairement des poches – sans les écorner, de cacher un cadeau. Il est beau et magique. » (Marion)

Hélas vient un jour où le regard amoureux perd sa vertu créatrice du beau ; souvent sous le regard des autres. Un regard froidement critique, méchant. Ingrid est encore sous le choc de la remarque assassine de sa soi-disant amie. « Elle m'avait dit en rigolant : "Tu l'aimes bien, ton vieux sac ! Ma parole, tu t'en sépareras jamais !" Mon vieux sac ! D'un seul coup ça m'a fait drôle. Elle faisait semblant d'être gentille, mais sans en avoir l'air, elle me listait tous les trucs, les petites taches, tout ça. Tu parles d'une copine ! C'était la fin du monde. Depuis je n'ai jamais pu le regarder comme avant. Mais je le garde et je le caresse parfois en passant à côté. C'est comme un amour perdu. Je crois que je n'en ai jamais retrouvé un pareil. » Les amours passées ont une place à part : les anciens sacs préférés sont relégués un peu à l'écart, pas aussi loin cependant qu'un strict rangement commanderait. Comme s'ils guettaient encore la possibilité d'une dernière balade au bras de leur propriétaire. Tine a prévu un endroit spécial pour les « cinq ou six sacs qu'[elle a] vraiment aimés ». Mais comment s'organise la relation (n'y a-t-il pas rivalité ?) entre ces anciennes amours et le nouveau venu, qui déclenche la passion et trône sur l'autel des adorations les plus folles ? J'avais posé la question à Valmontine. Voici ce

119

qu'elle me répondit. « J'ai dû réfléchir un peu à ces aspects effectivement un peu contradictoires avant de vous répondre. En fait, il n'y a pas de désamour. J'aime tous mes sacs, pas de la même manière, ni pour les mêmes raisons, mais en acheter un nouveau ne signifie pas que je répudie l'ancien. Il y a le favori du moment, certes, mais il m'arrive de ressortir l'un des anciens que j'oublie parfois au fond de la mémoire. Lapsus : je voulais écrire "au fond de l'armoire" ! C'est dire que chaque sac transporte avec lui un bout de ma mémoire : les voyages que j'ai faits avec lui... qui me l'a offert... ce que nous avons vécu ensemble... le souvenir du coup de foudre entre lui et moi... qui j'étais à cette époque. Il m'est arrivé de jeter des sacs, mais uniquement lorsqu'ils étaient trop endommagés (je leur en fais voir de toutes les couleurs) : ça me peine d'assister à leur déchéance. Je mets d'ailleurs un certain temps à m'en séparer pour de bon. Ils restent parfois des mois au pied d'une chaise, dans un coin (le purgatoire en somme !). Je les aime tous, un peu comme les êtres qui ont traversé ma vie, sur un mode amical et amoureux. Au-delà de la rupture, il y a toujours une part de moi qui y reste attachée. Fidèle à la mémoire et aux raisons pour lesquelles j'ai aimé, même si le sentiment s'est effiloché depuis. Le nouveau sac n'est pas plus beau que les précédents, il est autre. »

L'amour des vieux sacs est une douce nostalgie teintée de regrets, au caractère double. Deux types de souvenirs assez différents s'y mélangent. Ceux de la rencontre, de la passion, de la beauté magnifique d'autrefois, donnant lieu à une belle histoire, racontée avec emphase. Et ceux de la complicité plus secrète qui vint ensuite, tous les moments intimes partagés, au creux d'effleurements et de manipulations discrètes, beaucoup plus difficile-ment exprimables. Nora parvient à dire cette dualité de la mémoire amoureuse. « Je me rappelle précisé-ment le lieu, le moment d'achat de chacun de mes sacs… presque comme si chacun d'eux avait acquis un statut quasi mythique, avec une mythologie, une provenance, une liste d'épreuves traversées. Ce qui me paraît intéressant également c'est qu'une fois le sac passé en ma possession, après avoir franchi les obstacles, j'ai l'impression qu'il fait partie de moi. Il m'est difficile, voire impossible, de me débarrasser d'un sac qui a compté. J'ai ainsi en tête des exemples de mes premiers sacs, qui ne correspondent plus à aucun de mes styles actuels, ou des sacs troués, brûlés, décousus, abîmés, mais que je garde encore, au fond de mon armoire. Comme si le temps d'apprivoisement qu'il avait fallu pour eux leur garantissait ensuite une vie entière à mes côtés. »

12. Un sac à son image

Toutes les femmes ne vivent pas des coups de foudre aussi intenses que Nora ou Zoé ; parfois la rencontre est plus ordinaire. Et même si les émotions sont fortes, elles sont combinées avec d'autres considérations. Le prix bien sûr (un beau sac, cela peut coûter très cher !). Les aspects pratiques (n'oublions pas qu'après le coup de foudre le sac deviendra le serviable compagnon de tous les jours). Et l'image de soi, cette idée que nous nous faisons de nous-mêmes et que nous voulons afficher pour que les autres nous reconnaissent tels que nous sommes ou voudrions être. Le sac doit correspondre à cette image, entrer dedans sans la déformer, l'embellir si possible. Or le choc de la rencontre, nous l'avons vu, part d'un mouvement inverse. Le sac surprend par sa beauté, son originalité, et irrésistiblement entraîne dans son univers. Il entraîne si l'on est suffisamment disponible, nous a expliqué Nora, malléable, si l'on accepte justement d'oublier un temps qui l'on est et ne plus se crisper sur ses références identitaires. Aucune passion véritable n'est possible sans cet abandon et ce remuement intérieur, cela aussi le romantisme nous l'a appris.

Face au sac, tous les positionnements (entre s'abandonner à la surprise et trouver celui qui convient) sont possibles. Ketty est une extrémiste de l'image fixe d'elle-même. Elle a une idée si précise du rôle joué par son sac dans celle-ci qu'elle ne parvient pas à en acheter de nouveaux. « J'aimerais en changer, mais à chaque fois je lui reviens, car lui seul se marie parfaitement avec moi. » Et le jour où le pauvre sac manifeste aux yeux de tous sa fatigue ultime, elle va désespérément chercher celui qui pourrait le remplacer à l'identique. Sans être aussi radicale, Helen passe systématiquement ses émotions au filtre de son image, renvoyée par le miroir du magasin. Pour elle, il n'existe pas de sac qui soit beau en soi, ou si cette beauté existe, elle n'a aucune importance : la beauté du sac doit s'intégrer à son être, dont elle a à l'avance une idée précise. « J'ai effectivement du mal à m'habituer à de nouveaux sacs, c'est pour cela que je suis très difficile dans mes choix. D'ailleurs, pas de miroir dans la boutique = pas d'achat ! Il faut que je puisse voir l'effet qu'il fait sur moi visuellement et s'il fait corps avec moi ! Je peux trouver un sac très joli sur une étagère mais une fois porté, me rendre compte qu'il ne me correspond pas. »

Il y a cependant image et image ; chacune perçoit l'image de soi à sa manière. Pour Ketty ou Helen, elle traduit une sorte d'identité profonde, immuable ou presque, d'où la très grande difficulté à changer de sac. Virginie emploie le même terme : « Mon sac est à mon image », mais dans une tout autre acception. « Je le choisis dans le prolongement de ma silhouette pour une image parfaite. Assorti à mes chaussures, leur cuir et leur couleur. » Son image parfaite dépend en fait de ce que reflète le miroir à un moment donné. Et la référence essentielle qui décide de tout peut être à ce moment la couleur de ses chaussures. Elle change donc beaucoup, avec grand plaisir, d'image d'elle-même ; elle aime bien être agréablement surprise par un miroir. Et elle change souvent aussi de sac ! L'identité est une notion complexe, qui combine l'idée de la continuité de nous-mêmes et les facettes multiples que nous pouvons afficher selon les circonstances, la capacité à nous inventer sans cesse différents. Or la conception que nous avons de notre image est très liée à ces deux modalités de la construction identitaire. Le choix du sac, en rapport avec l'image de soi, est donc un élément très révélateur des modalités développées par chacune pour construire son identité. Il y a celles qui cherchent un repère stable, et celles qui jouent. Qui jouent notamment à se découvrir autres. L'image renvoyée par le miroir n'est pas, dans les deux cas, le même type d'image.

Nina me déclare avoir trouvé « le sac idéal », avant de préciser aussitôt qu'elle en a en fait plusieurs. « J'ai quasiment le sac idéal pour chaque circonstance, car je n'ai toujours pas trouvé le sac qui me suivra dans toutes mes facettes. » Nina est plusieurs, et elle a plusieurs sacs. Ce sont des facettes relativement stables de son identité, qu'elle exprime selon les divers contextes de son existence (le travail, les sorties élégantes, les voyages, etc.). Nora est plus radicale encore dans sa pluralité assumée. Elle utilise délibérément les sacs découverts au hasard de ses rencontres pour s'inventer différente, ou du moins, pour s'imaginer autre. « J'ai ramené beaucoup de sacs de vacances et de destinations lointaines. J'aime ensuite les relier à ces instants d'évasion et de dépaysement. Le sac devient alors une espèce de lien avec ces souvenirs et me permet de me rappeler cette partie de moi dans ma vie quotidienne. J'ai lu votre livre *Quand je est un autre*, et je pense que le sac devient alors symbole d'une facette d'identité. Surtout lorsque je voyage, lorsque j'expérimente d'autres vies, d'autres identités à l'étranger. Rapporter un sac de vacances, puis l'introduire dans ma vie quotidienne est alors un moyen pour moi de me rappeler que je ne suis pas "que" la Nora du quotidien. Que j'ai d'autres facettes. La Nora qui part en week-end à Paris, qui s'y sent "parisienne", court les expositions, les théâtres et les magasins, en ramène de magnifiques sacs en cuir colorés, qu'elle pourra ensuite exhiber dans des situations où elle voudra se sentir aussi sûre d'elle que lorsqu'elle est à Paris. Ou la Nora qui part en vacances en Afrique ou en Asie, sac au dos, libre et sans attache, qui voyage au jour le jour, rencontre des gens, partage leur quotidien, au gré des hasards et des rencontres, et en ramène des sacs cousus main, en cuir de zébu, en bois, en raphia, qu'elle a négociés avec des femmes sur les marchés, qu'elle a vu fabriquer par des artisans rencontrés après un trek sur une montagne. » Un sac peut donc être utilisé pour marquer une rupture existentielle. Mais cela implique une organisation complexe, des choix continuels, des manipulations d'objets. Lolo préfère la simplicité du sac unique, tout en cherchant pourtant à vivre pleinement les facettes multiples de sa personnalité. Elle ne fait en réalité que déplacer la difficulté, car il lui faut trouver le sac improbable qui sera capable de réaliser cet exploit. « Ce n'est pas le sac de la débutante, de la novice ! Non, monsieur ! C'est celui d'une baroudeuse des super-marchés ! D'une intrigante de soirées arrosées ! D'une gestionnaire pour marmots de tous âges ! D'une séductrice en diable ! D'une bonne mère de famille ! D'une carriériste aux dents longues ! Oui ! C'est l'aboutissement de tant de temps à étudier la meilleure manière de faire cohabiter dans cet objet incontournable, tout ce qui, à tout moment, peut se révéler indispensable ! »

J'aurais tant aimé parler du sac en phrases légères et poétiques ! Hélas ces développements sur l'image et l'identité m'ont entraîné au contraire dans quelques lourdeurs d'écriture sans doute indigestes, j'en suis désolé. Et il me faudrait encore disséquer bien d'autres aspects si je voulais rendre compte de la complexité infinie de l'univers du sac. Que l'on me permette juste un mot à propos de la familiarité. Le sac n'est pas qu'affaire d'image et d'identité. Après le temps fort de l'achat, il est introduit dans l'ordinaire des gestes et des petits secrets, des repères habituels et des commodités. Ces éléments sont pris en compte lors du choix. Chacune a ses préférences : les grands sacs ou les petits, les ouverts ou les fermés, les fourre-tout ou ceux qui promettent un ordre intérieur impeccable, etc. Or cette représentation des futures routines fluides et confortables est elle aussi insérée dans l'image. « Je suis petits sacs », nous dit joliment Ingrid. Elle ne craque que pour les petits. Eux seuls correspondent à son image. Mais eux seuls également s'intègrent avec aisance dans sa gestuelle. « Quand ils sont trop gros, cela m'arrive parfois, j'ai l'impression de porter une charge. Mon sac, il faut que je l'oublie, comme mes petits sacs. Et puis en plus, franchement, les grosses besaces, c'est pas beau ». Céline, elle, est une adepte des moyens. « Sauf la pochette élégante pour les soirées bien habillées ou le petit pratique pour les festivals, ils doivent être suffisamment grands pour

127

contenir un livre de poche. Mais ils ne doivent pas être trop volumineux, sans quoi on se perd dans tout son contenu. On y cherche en vain un porte-monnaie à la caisse, un téléphone qui sonne beaucoup trop fort, ou un bonbon alors que l'on conduit. » Tine enfin préfère les gros. Elle ne remarque même pas les petits quand elle entre dans une boutique. « Je ne regarde jamais les petits sacs dans un magasin, je me dirige vers les "gros volumes" directement. Comment pourrais-je faire le tri, alors que tout ce que j'ai avec moi est essentiel ! En plus je suis grand-mère et pour glisser un doudou ou un biberon, c'est super ! Effectivement je ne peux aimer que les grands sacs, et quand je vois des femmes avec des trucs minis, je pense "Les pauvres, mais comment font-elles ?" Non, je n'ai jamais flashé sur un petit sac. » En matière de sacs, comme dans les affaires humaines, la foudre ne tombe jamais totalement au hasard.

Au moment de choisir, tout fusionne en une seule impulsion : il plaît, il est trop beau, il est irrésistible. Cette émotion unique et décisive résulte pourtant de réflexions et de sensations préalables qui avaient renvoyé à des critères nombreux et différents. Nina résume assez bien ces éléments, même si leur énumération peut donner l'impression qu'ils peuvent simplement s'ajouter, alors qu'ils sont souvent divergents. « Pour être le prolongement de soi, le sac se doit d'être parfait en proportions, en rangements, facile à porter, et beau. Beau à la vue et au toucher, qui me reflète moi. Autant dire que tout ceci est complexe d'un point de vue féminin, surtout lorsque l'on met en parallèle le prix annoncé, qui lui ne correspond jamais. » Il lui arrive pourtant de craquer malgré le prix, car elle « n'aime que les beaux sacs, de marque, au cuir incomparable ». Elle a trouvé plusieurs fois l'objet de ses rêves, si beau ! Mais très cher, « tellement précieux que je ne les sors quasiment jamais. Un peu contradictoire, bref ! »

« Si on me demandait quel vêtement ou accessoire me ressemble le plus, je répondrais sans hésitation : mes sacs. » (Valmontine) Le sac est tellement pensé pour s'intégrer dans l'image de soi que l'assimilation à la personnalité tout entière est facilement poussée aux extrêmes. Nous avions déjà vu que certaines radicalisaient le principe : « Dis-moi comment tu ranges ton sac, je te dirai qui tu es. » D'un point de vue plus esthétique, mais de la même manière, voici maintenant cet autre adage maximisé : « Dis-moi quels sacs tu aimes, je te dirai qui tu es. » Écoutez Mademoiselle M., dessinant des portraits par les sacs. « Je pense sincèrement que si l'on examine le sac à main d'une femme, on peut presque la comprendre, la définir, définir ce qu'elle est et ce qu'elle a vécu. Je prends l'exemple de ma mère, qui était plutôt du genre à changer d'humeur rapidement, et ne restait jamais sur une position établie : elle changeait très régulièrement de sac, évoquant des excuses pratiques. Maintenant qu'elle a vieilli, elle ne change presque plus. Ce qui confirme un peu mon hypothèse. J'ai une amie, son sac, c'est elle : stricte, exigeante vis-à-vis d'elle-même, droite, très peu souriante. Elle n'a que des sacs rangés, droits, rigides, noirs ou marron, où tout est à sa place. Et j'ai encore plein d'exemples qui me viennent, démontrant que le caractère et le vécu des femmes se tiennent dans ce petit ou grand bout de toile ou de cuir. » Le classement des caractères humains par les sacs, quelque peu fixiste et réducteur, donne évidemment prise à des jugements qui peuvent devenir sommaires, voire à des critiques expéditives. Dans le monde de Lyne, tout est simple et catégorique. « Il peut donner à lui seul toute une personnalité : beaucoup de pièces métalliques = vulgaire. En cuir marron = riche et de bon goût. Rose = féminine. Rouge = dominatrice. » Évidemment son sac à elle, en cuir marron, n'a pas de pièces métalliques. Nos jugements de goût partent toujours de nos propres goûts.

L'image de soi peut imposer un style dans l'ensemble d'une trajectoire biographique : l'on reste plus ou moins égale à soi, clairement repérée par des manières d'être, des signes d'identité. Plusieurs témoignages ont remonté dans l'enfance ou la jeunesse pour pointer un événement ou un contexte qui avaient inauguré ce style. France (qui n'a rien d'une dominatrice) se souvient de son premier sac de petite fille, rouge, rond, rigide. Depuis, « j'aime toujours autant les sacs rouges et ayant de la tenue ». Pour Tine, le moment fondateur remonte aux *Seventies*. « Jeune fille, j'étais en mobylette et plutôt génération post-68, un peu baba. Donc j'avais toujours des gibecières, des sacs en bandoulière. » Aujourd'hui, à cinquante-deux ans, elle porte toujours le même type de sac, qui a simplement augmenté un peu en volume. Quant à Anadel, c'est non sans surprise qu'elle observe l'événement en train de se produire, sous ses yeux, chez sa propre fille. Contre elle, contre son propre style : sa fille affirme son autonomie d'adolescente et invente un nouveau système de valeurs par son sac. « Ma fille de quinze ans est très différente de moi sur ce plan. Elle est très attachée à ses sacs à main. Elle a même employé le mot "amoureuse„ d'un sac qu'elle s'est acheté malgré le prix élevé. Elle en change régulièrement, et je me rends compte qu'à travers eux, elle se singularise pleinement : elle les remplit, comme si elle transportait son univers dedans, est très sensible à leur beauté, les choisit avec grand soin (même si elle n'en prend pas vraiment soin après), les porte en bandoulière, toujours à droite. L'attitude différente de ma fille est, je le pense sincèrement, une manière de s'affirmer un peu contre moi, et d'imposer son monde à elle. La relation que nous avons toutes les deux est forte, harmonieuse, c'est le mot qui me vient, et ma fille a évidemment besoin de prendre ses distances par rapport à moi, en exprimant ses goûts différents, sa manière d'être, finalement sa personnalité. Le sac à main en est une preuve évidente. »

Le style n'est pas qu'affaire de style. Il est aussi affaire d'identité. Et il est également central dans la nécessaire construction de l'estime de soi. Un sac plaît si l'on se plaît à soi-même face au miroir, si l'on se sent digne d'admiration, et si l'on pense plaire aux autres. France aime les sacs « qui ont de la tenue » parce qu'ils « donnent de moi une image positive ». Nora souhaiterait que ses facettes identitaires non seulement soient perçues mais révèlent ce qu'elles renferment d'intensité existentielle. « Il est évident que les sacs que je porte, et le soin que je mets à les choisir puis à les porter, ont aussi un rapport avec l'Autre. Ils sont des emblèmes de moi-même, des cartes de visite. J'aimerais qu'en voyant mes sacs, en me voyant les porter fièrement ou y chercher un objet, on perçoive ce que j'y projette moi : la Parisienne, la voyageuse, etc. » Elle est fière de l'énergie et de la liberté de ses escapades parisiennes ou de ses grands voyages, et souhaiterait que ses sacs annoncent à tous la hauteur de ses exploits.

Nora a parfaitement compris la complexité du monde des sacs, fondée sur des jeux de contraires. Alors que l'on croyait que seul le regard de l'autre avait de l'importance, il peut s'avérer que soudainement tout s'inverse et que ce soit le regard furtif de soi sur son propre sac qui redonne confiance et assurance. « J'ai l'impression que mon rapport aux sacs et à ce qu'ils signifient est lié à moi. Comme un message secret que je m'adresse à moi-même, une béquille que je m'offre pour m'aider dans des situations à venir, me rappeler qui je suis, moi, peu importe le regard des autres. Je pense en particulier à des rendez-vous difficiles (professionnels, premier rendez-vous amoureux), où la présence d'un sac à mes côtés, et ce qu'il représente, me rassurera et m'aidera à prendre du recul par rapport à la situation. Du type : oui c'est un premier rendez-vous, cet homme me plaît et je suis très timide, mais si je regarde ce sac en bois ramené de Madagascar, je me rappelle que je ne suis pas que timide. Je suis aussi cette femme qui a visité cette île africaine, a gravi des montagnes avec un sac à dos, rencontré des artisans sur bois, vu faire ce sac, etc. Ou du type : oui c'est un entretien d'embauche, je désire vraiment ce poste, je veux réussir cet entretien. Mais en regardant ce sac en bois, je parviens à prendre du recul et à relativiser l'enjeu : même si j'échoue lamentablement à cet entretien, ce ne sera pas si grave car je ne suis pas qu'à la recherche de l'emploi parfait, la vie est beaucoup plus large que cela, il y a d'autres choses qui m'épanouissent que le travail, comme par exemple mes visites culturelles de Paris, d'où vient tel ou tel sac, etc. D'où aussi, je pense, l'importance d'avoir mes sacs près de moi. Après vous avoir écrit, j'ai été attentive à mon rapport à mes sacs. J'ai été surprise de constater à quel point j'y suis attentive. Je les ai toujours à l'œil, toujours à portée de main, sur mes genoux au cinéma, entre mes pieds dans un café, à côté de moi sur le canapé chez des amis. Comme si j'avais besoin de pouvoir les voir ou les toucher en cas de besoin. »

13. La guerre des sacs

Accrocher le regard des autres (une infime fraction de seconde suffit) est un élément clé pour renforcer l'estime de soi (parfois le regard est accroché par le pire et non par le meilleur, mais si l'on ne s'en doute pas, ce n'est pas grave). Le sac peut donc être considéré comme une arme psychologique. Il agit par la séduction, en particulier vis-à-vis des hommes. Voici par exemple les conseils d'un blog de mode, dans un article intitulé « Sexy sac à main » : « Qu'il s'agisse de son homme, d'un flirt ou d'un parfait inconnu, rien n'est plus agréable que de se sentir séduisante et désirée. On rêve toutes d'être dévorée des yeux, d'être celle sur qui les hommes portent leurs regards, se détournent à notre passage, ou encore mieux, trébuchent ! Oui mais voilà, comment jouer la séductrice sans faire vulgaire, comment avoir l'air sexy sans trop dévoiler ? C'est simple. Mettez en avant vos atouts, jouez avec vos accessoires, soyez sûre de vous et jouez au jeu de la séduction. Un sac à main bien choisi peut donner ce look de femme fatale. J'ai un faible pour les sacs rouges qui, assortis à des chaussures vernies et une robe noire sexy qui n'en révèle pas trop, font une combinaison idéale pour jouer les femmes fatales [1]. » Mais il n'y a pas que les hommes. Les amies, voire des femmes de passage, sont tout aussi importantes, et sans doute davantage. Nora connaît le poids de leurs petites remarques admiratives. « J'avoue un plaisir secret et narcissique lorsqu'on me complimente sur un de mes sacs. »

La séduction par le sac ne date pas d'hier. Au Moyen Âge, les petites aumônières à cordons s'entichent de soies brillantes, à la Renaissance, les châtelaines en or sont de véritables bijoux attachés à la taille. « À la fin du XVIIIᵉ siècle, la mode est aux robes ajustées, qui n'ont plus suffisamment de plis pour y cacher un sac. Place alors au réticule, petit sac rond ou carré, sobre ou doté de pompons, réalisé en tapisserie, au crochet ou au tricot. Il est orné de paillettes, de perles et de broderies. Certains ont des poignées permettant de les porter à la main, d'autres des crochets pour les fixer à la ceinture [2]. » Le sac n'était pas une nouveauté, il avait toujours existé dans l'histoire, autant masculin que féminin, notamment sous forme de besaces transportant des outils ou de la nourriture et de bourses contenant des pièces de monnaie. Mais il apparut alors comme un accessoire spécifiquement féminin et comme un instrument d'élégance et de séduction. Il n'allait plus jamais quitter cette position cruciale, la renforçant toujours plus au cours des ans.

Dans les contradictions qui agitent le sac, la plus importante est sans doute celle qui oppose sa discrète fonction utilitaire à son affichage glamour valorisant l'image de soi. Or l'on peut dire que le sac des dames, historiquement, est né de la volonté de distinction. Dans l'univers du luxe aristocratique et des matières précieuses. Et il reste encore aujourd'hui profondément marqué par cette origine. Il se diffusa ensuite assez rapidement dans l'ensemble des couches sociales, d'abord, toujours, par la mise en avant de ses aspects ostentatoires. Imitant les classes aisées qui donnaient le ton des nouvelles modes. Mais de façon spécifique pour chaque univers culturel ou social. Prenons les populations rurales. Le sac s'y installa dans le contexte très institutionnel qui était le leur, cadré par la tradition. Au début du XXe siècle au Québec par exemple, il était, avec les bijoux et le chapeau, un investissement somptuaire pour la toilette des noces[3]. Même les femmes les plus pauvres faisaient un effort financier considérable pour que leur tenue sorte de l'ordinaire. Le sac n'était plus utilisé ensuite dans la vie courante. Ou bien seulement si sa forme et sa couleur étaient adéquates, pour aller à la messe le dimanche. Dans nombre de villages, le sac du dimanche prit une forme conventionnelle. Il était sobre, foncé, classique. Et à peu près vide, excepté un mouchoir, un missel, parfois un flacon de parfum. Il n'était pas l'instrument d'une distinction sociale personnalisée comme aujourd'hui, mais plutôt de la tenue d'un rang, d'une conformité sociale. Beaucoup de sacs se ressemblaient donc, et c'était normal.

Dans les classes les plus aisées des villes il en alla dès le début tout autrement. Le sac ne devait être qu'à soi et il devait être le plus beau. Supérieur aux autres. Il devait écraser les autres par son originalité et sa beauté. La guerre des sacs avait commencé. Elle s'intégrait en fait dans un contexte beaucoup plus large, qui ne s'est pleinement épanoui qu'avec notre modernité avancée. Chacun aujourd'hui est censé inventer sa vie à son idée, avec une très grande liberté de choix dans tous les domaines. Il en résulte une mise en flottement des repères traditionnels, et l'émergence d'un nouveau processus de compétition généralisée, et surtout de classement et de jugement des uns par les autres. Chacun note chacun dans tous les domaines ; la façon d'élever ses enfants ou de passer ses vacances, les valeurs morales, le style vestimentaire, etc. Chacun note surtout les amis, la famille, les proches, tous ceux par rapport à qui la comparaison est la plus pertinente. Or ce qui est très pénible dans cette nouvelle donne du jeu social est que la meilleure manière de se donner à soi-même de bonnes notes, renforçant l'estime de soi, est d'en donner de mauvaises aux autres. Surtout aux

proches (que l'on aime sincèrement par ailleurs) !
Être (modérément) mauvaise langue est devenu une
nécessité existentielle.

Le rêve aurait été que le monde ne soit peuplé
que de gentils flatteurs potentiels, prêts à s'esclaffer
d'admiration pour le sac magnifique que seule, bien
sûr, l'on est capable de dénicher. Il suffit d'ailleurs
parfois de quelques regards ou de quelques
remarques pour y croire. « Il est grand, ovale, gris,
tout le monde craque pour lui ! » (Mila) Hélas une
tout autre opinion, critique et moqueuse, lance en
parallèle des attaques clandestines et sournoises.
Melody ne dit rien aux femmes qui ont des gros
sacs, mais elle n'en pense pas moins ! « Moi je porte
un sac de taille moyenne, je déteste les gros sacs et
souvent les femmes qui en portent. » La critique
disqualifiante se déverse surtout du haut vers le bas.
Rien de plus facile et il en a toujours été ainsi :
quelques signes de prestige suffisent pour se classer
supérieure et gagner des points contre celles
– pauvres sacs ordinaires – qui sont en dessous. Le
signe le plus simple, le plus visible et le plus incon-
testable est la grande marque, reconnue pour ses sacs
de prestige. Inutile de les citer, elles sont si célèbres !
La marque en elle-même cependant ne suffit plus :
désormais (après le *Birkin* d'Hermès né en 1984, la
tendance s'est affirmée dans les années 1990)
chaque création a son petit nom, qui permet de
l'identifier de façon plus intime et forte. On ne dira

plus Cartier mais un *Marcello* (de Cartier), on ne dira plus Dior mais un *Libertine* (de Dior), on ne dira plus Prada mais *Yo-Yo Bag* (de Prada). Les coups de foudre sont d'autant plus violents que l'objet du désir se distingue de la masse. Derrière une apparence de familiarité décontractée, qui va si bien au sac pour son usage ordinaire, le petit nom crée du désir et renforce le caractère d'exceptionnalité. Les services marketing ont d'ailleurs établi des stratégies très subtiles pour déployer les modes de raffinement et les effets de distinction : certains petits noms sont beaucoup plus qualifiants que d'autres. Prenez le *Speedy Couture* de chez Vuitton. Partout sur les pubs mais rare en magasins (il faut s'inscrire sur liste d'attente). Il ne s'agit nullement d'une erreur commerciale, bien sûr. La distinction sociale la plus élevée ne peut, par définition, être ouverte à tous.

Mais un danger menace les grandes marques. Que les critères de distinction se déplacent et s'orientent davantage sur l'esthétique ou l'originalité que sur la marque en elle-même. Qu'un sac soit déclaré beau d'abord parce qu'il est perçu comme tel et non parce qu'il est griffé ou qu'il porte un petit nom glorifié par la mode. « Moi je ne regarde même pas la marque, d'ailleurs c'est pas dans mes prix. Ce n'est pas parce qu'il n'est pas de marque qu'un sac ne peut pas être magnifique. La marque c'est juste une garantie de qualité, et beaucoup trop cher comme garantie en plus. Mais en fait, les plus créatifs et les plus originaux, les plus marrants, ils sont chez de nouvelles petites marques. Moi ce n'est même pas une petite marque d'ailleurs, c'est un jeune artisan incroyable qui fait ses trucs dans son coin. » (Ingrid). Les grandes marques ont senti le danger. Elles contre-attaquent en misant elles-mêmes sur la création d'avant-garde, rejoignant les hautes sphères (et les hauts prix) de l'art contemporain. Prenons l'exemple d'un créateur comme Marc Jacobs. Il réalise à quelques dizaines d'exemplaires des œuvres pouvant atteindre 30 000 ou 40 000 €. Il adore détourner des matériaux qui n'ont rien de noble, dans une geste qu'il énonce subversive, selon le principe habituel de l'avant-garde. Il faut cependant un œil exercé pour savoir que le sac de toile et de plastique se situe tout en haut de la hiérarchie. Le regard inculte pourrait le prendre pour un vulgaire sac de supermarché ! Mais heureusement, seul compte vraiment (pour obtenir des bons points) le regard de celles qui savent, les initiées.

Se compter parmi les initiées n'est pas simple. Car il faut pour cela se tenir au courant des mouvements de la mode. Mouvements de plus de en plus rapides, multiples et complexes ; suivre la mode des sacs est devenu un vrai casse-tête. Des pages et des pages remplissent désormais les journaux pour analyser si le cuir fauve est tendance ou si une tenue du soir peut accepter une besace. Il suffit de feuilleter un magazine féminin pour constater la place immense prise par les visuels de sacs à main (dans les articles et dans les publicités) ; et d'imaginer les sommes financières mises en jeu. Non, décidément, le sac n'est pas une petite chose.

La guerre des sacs a ceci de particulier qu'elle se mène souvent de façon feutrée et subtile, l'exercice consistant surtout à tenter d'afficher sa supériorité plus qu'à dénigrer violemment (et surtout ouvertement) les autres. Le point de départ est l'amour pour le sac superbe qui rend soi-même superbe : inutile de trop rabaisser les autres si l'on se sent ainsi sûre de soi. Souvenons-nous d'Emily, cherchant « le sac fabuleux qui va faire bisquer [s]es copines, les rendre folles de jalousie ». Elle ne nous a jamais dit que leurs sacs étaient moches. Même un regard anonyme peut faire l'affaire, voire un regard supposé admiratif. Il suffit que quelques indices montrent qu'il s'agit d'initiées. « Tu sais bien qu'en face, elles (des inconnues installées à la terrasse d'un café) l'ont vu, ton sac. T'es là, tu dis rien, mais, tu te pètes la classe (rires) ! C'est complètement narcissique, mais des fois ça fait pas de mal non plus (rires) [4] ! » Ketty ne cherche pas ces intensités, elle modère et ajuste avec précision la distinction souhaitée. « Mon sac est comme mon parfum. Il faut qu'on le remarque, mais pas trop. » Elle craint cependant l'horreur des horreurs : découvrir le même, son double, au bras d'une autre. Cette crainte vire au cauchemar absolu pour Haley, l'héroïne de *Petit crime et sacs à main*[5], quand elle découvre la multiplication insupportable de son sac fabuleux qu'elle croyait absolument unique. Pour elle, c'est comme si tout un monde s'écroulait d'un seul coup. Sans parler de Chloé, autre héroïne de roman[6], qui ne parvient pas à réaliser la chose tant elle est proprement impensable : son mari a acheté un superbe sac en double exemplaire, le premier pour elle-même, le second sans doute pour une autre femme…

Habituellement, la critique reste donc modérée. En apparence. Joy se contente de comparer son sac aux autres dans les soirées. Prête d'ailleurs à accepter sa défaite quand elle en remarque un très beau. Mais Ketty, elle, ne s'avoue jamais battue. Même quand elle se trouve confrontée à d'insupportables sacs griffés, qui, bêtement, se croient supérieurs et s'affichent (croit-elle) méprisants. Elle, elle sait. Elle sait ce qui se cache derrière. Déjà enfant, elle se méfiait des modes, et ne chantait pas les chansons que chantaient ses copines. « C'était ma façon à moi de me démarquer. Avec mon sac, c'est la même chose. Il chante haut et fort à contre-courant et à contre-marques. Mon identité passe aussi par là. Et puis, c'est peut-être aussi l'envie de me faire remarquer sans en avoir l'air, en toute discrétion. C'est mon idée du luxe ; savoir qu'on le porte sans que les autres le sachent… J'ai de la tendresse pour ceux et celles qui montrent, exhibent une griffe. C'est un peu comme une fêlure. Je ne sais pas si c'est un message de succès, d'appartenance, de distinction. Pour moi, c'est une fragilité, une demande de reconnaissance. La mienne dit : reconnais-moi pour moi. » Je l'ai dit : chacun note chacun dans la quête incessante d'être bien classé. Et la meilleure méthode pour cela consiste à noter à partir de critères très personnels, qui automatiquement vont disqualifier les autres. Tout cela le plus gentiment du monde. La guerre des sacs est feutrée… mais cela ne l'empêche pas de faire rage.

14. Les deux vies du sac

Les objets de notre monde intime ont deux vies, bien différentes. La première est silencieuse, modeste, effacée. Les objets, alors, ne sont plus dans notre tête, nous ne pensons plus à eux, c'est comme s'ils entraient en nous et élargissaient notre réalité d'être. Et puis, parfois, ils apparaissent à la lumière de leur seconde vie ; ils sont pensés, rêvés, regardés. Soit parce qu'ils posent un problème, ou qu'un grain de sable bloque les mécanismes habituels, soit parce qu'ils apportent un plus de bonheur en étant admirés. Comme tous les objets familiers, le sac possède aussi ces deux vies, mais de façon beaucoup plus tranchée que les objets ordinaires. Surtout quand il arrive à la lumière, qui pour lui devient éclatante. Alors il n'est plus du tout le même. Oublié le compagnon discrètement utile et serviable, qui donne à boire quand on a soif, à lire quand on s'ennuie. D'un seul coup il devient la star ; on n'a plus d'yeux que pour lui. Au cœur des contradictions qui ne cessent d'agiter le sac, il y a surtout la différence radicale entre ses deux vies. Deux visions, deux univers totalement opposés, et qui doivent pourtant trouver le moyen de se concilier dans le même objet.

Nous l'avons déjà vu lors de l'achat, quand le coup de foudre emporte hors de toute raison pratique. Il n'y a pas toujours coup de foudre, cependant. Ou s'il existe, c'est la plupart du temps un tout petit coup de foudre, qui se mélange à des bribes de réflexion, portant sur les usages concrets, les repères habituels de la familiarité. Lilou commence d'ailleurs toujours de cette manière. Elle envisage d'abord, presque froidement, la fonctionnalité du sac qu'elle souhaite acheter. Mais une impulsion, comme venue d'ailleurs, soudain l'entraîne. Rappelons-nous qu'elle s'agace parce qu'elle ne déniche jamais ses clés ou son téléphone. « En ce qui concerne le fait de leur trouver une place particulière, j'avoue qu'à une époque mon choix, lors d'un achat de sac, se portait sur le fait qu'il y ait une pochette. Pas une pochette faisant partie intégrante du sac, mais une pochette qui était elle-même reliée au sac, par une chaînette. Je ne citerai pas la marque, mais une marque de maroquinerie bien connue a conçu certains de ses sacs avec ce système, ce qui est plus pratique j'avoue. Il m'arrive de temps en temps, surtout lorsque je dois partir en vacances, ou en week-end, d'acheter des sacs à main ou des paniers (ces derniers ont ma préférence en été) en essayant d'allier le côté pratique à celui de l'esthétique. À savoir : je regarde le nombre de poches intérieures et extérieures en pensant à certaines choses, en me disant par exemple, "Bon cette poche est pratique pour les clés, celle-ci sera très bien pour mon portable…" Mais j'avoue ce n'est pas systématique… le look du sac me fait en général plus flasher que le côté pratique ! »

Le sac n'est pas une petite chose sans importance. Pour le scientifique que je suis, il se présente même comme un formidable laboratoire ambulant, dont l'étude approfondie, aussi étonnant que cela puisse paraître, pourrait faire progresser la recherche fondamentale sur des questions extrêmement complexes, comme le rapport entre corps et pensées. Je dois me limiter ici, pour que ce livre ne devienne pas trop pénible à lire. Mais que l'on me permette quand même quelques mots sur ce que le sac révèle de notre fonctionnement mental. Les lecteurs qui trouvent cela trop pesant pourront sans problème sauter ces deux pages et passer au chapitre suivant.

Les cognitivistes seraient très intrigués s'ils osaient s'intéresser au sac à main des dames. Non par les coups de foudre, qui, comme tout ce qui touche aux diverses expressions amoureuses, mobilise une intuition de type holistique, émotionnelle et sensible, s'alimentant au cerveau archaïque. Le plus étrange par contre est l'autre vie du sac, fondée sur des automatismes, qui devrait renvoyer à une cognition non consciente, que les spécialistes renvoient à ce qu'ils appellent la « mémoire implicite ». Or dans le magasin, c'est au contraire par la pensée la plus consciente, mobilisée de façon aiguë et critique, que la familiarité future est envisagée et évaluée. « Dur, dur... », dit Apolline. Dur, car les deux régimes mentaux sont totalement opposés dans leur fonctionnement[1]. Il faut tenter d'imaginer comment vivra le sac quand on ne pensera plus à lui. De là sans doute toutes ces manipulations discrètes lors de l'essayage. Les caresses n'étaient donc pas que des gestes d'amour. Elles étaient aussi des premières tentatives pour trouver, pour sentir, les prises manuelles susceptibles de bientôt devenir les guides de l'intimité ordinaire. Un sac se choisit aussi avec les doigts. Puis la domestication manuelle se poursuit, par étapes, jusqu'à ce que les étrangetés de l'objet disparaissent et qu'il finisse par se fondre dans la familiarité. « Pour y arriver, il y a un certain nombre d'épreuves à franchir, ou de rites de passage, visant à faire entrer le sac dans mon univers quotidien (test en magasin, puis achat, premier temps à la maison à l'écart des autres sacs, puis première sortie, etc.), et enfin à le faire être une partie de moi. Littéralement. » (Nora) Mais à mesure qu'il y parvient, il s'efface, et devient invisible au regard. Car le sac ne peut jamais être ses deux vies à la fois. Il passe si vite de l'une à l'autre qu'on peut en avoir l'impression, seulement l'impression.

Chaque matin le dilemme se pose à nouveau. Car il ne suffit pas de choisir un sac pour la journée. Il faut aussi arbitrer entre deux modes de pensée pour élaborer ce choix. Le premier est laborieux, régulier, cumulatif, délibératif. Le second émerge au contraire par des impulsions soudaines. Pour Ariane, ce n'est pas trop compliqué : elle a son « gros sac noir », et les autres. « Mon grand et gros sac noir reste la caverne de tous les secrets. Les transferts sont uniquement faits pour assouvir un autre besoin, celui de la coquetterie féminine et de l'élégance lors de sorties. » Dans la vie ordinaire, il y a le gros sac noir, toujours là, égal à lui-même. Elle n'a même pas à se poser de questions pour le remplir puisque l'essentiel des choses utiles reste dedans. Il lui suffit de le prendre, là où il a été laissé la veille. Et puis il y a les sorties où, comme par enchantement, elle oublie la nécessité qui lui semblait pourtant si vitale (avoir une foule d'objets l'obligeant à avoir un gros sac). Car alors seul importe le look. Une fois le sac choisi, elle s'arrange pour faire avec, et serrer dedans les quelques choses qui trouveront une place. Céline ne possède pas un seul gros sac, elle en a plusieurs. Mais elle divise de la même façon « semaine » et « sorties » selon des critères différents. La semaine, elle préfère un sac qui soit commode. « Mon sac lui aussi doit coller à cette vie, être pratique. » Pour les sorties cela n'a rien à voir, c'est l'envie alors qui compte, celle par exemple de

« mettre des jupes plus sexy ». Le sac devra s'accorder à ce désir.

Le sac occasionnel est un objet bizarre. Il a été choisi pour être vu et sa propriétaire elle-même le voit, le sent, continuellement ou presque. (Alors que le sac ordinaire est facilement oublié dans les automatismes du quotidien.) Il ne parvient à s'effacer que par bribes, dans la recherche d'une familiarité différente. On lui pardonne facilement si celle-ci est difficile à trouver : il n'a pas été pris pour ses côtés pratiques mais pour sa beauté. On lui pardonne sur le coup, surtout s'il déclenche quelques remarques admiratives. Mais il ne faut quand même pas que des expériences pénibles du point de vue fonctionnel se répètent trop souvent ! Car alors les plus beaux sacs peuvent être mis à l'écart. Au fond d'un tiroir par exemple, d'où ils seront retirés exceptionnellement, quelques instants, juste pour être admirés. Telle est par exemple la triste histoire du petit sac vert doublé en satin rose de Valmontine. « Il y a quelques années, je me suis acheté un sac de marque, en cuir vert amande, doublé satin rose, magnifique. Trop petit et trop délicat pour l'usage que j'en fais au quotidien. Depuis, il gît, piteux, dans mon placard. » Je lui avais demandé pourquoi un tel désamour. Ne parvenait-elle pas à s'y faire concrètement ? Elle me répondit qu'elle avait pourtant essayé. « Lorsque j'avais mon tout petit sac je n'ai jamais cherché à le remplir plus qu'il ne l'était, rien ne s'accumulait inutilement, j'avais peu de choses sur moi. Disons que j'ai essayé de m'y habituer. Mais très honnêtement je dois vous avouer que la triste simplicité de mon petit sac m'ennuyait profondément. » Pour Hélène, la situation est beaucoup plus grave. Elle lance un appel désespéré sur Internet : « Les z'enfants, j'ai trois sacs dont je dois me débarrasser becôz je suis méga ruinée et que j'ai rien d'autre à vendre. » Trois anciens coups de foudre, dont le prix était sans commune mesure avec ses possibilités financières. Le sac Coccinelle par exemple. « Cuir chocolat façon python, fermeture zippée, porté épaule, deux poches intérieures. Prix d'achat, 225 €, prix de vente 157 €. Pourquoi je l'ai acheté : parce qu'il est sublime. Pourquoi j'en veux plus : parce que je m'en sers pas. Oui mais pourquoi ? Ben j'en sais rien moi[2]. » L'autre vie du sac est un mystère dès qu'on la quitte.

Le compagnon de tous les jours, lui, n'a pas ces problèmes. S'il est beau en plus, très bien ! Mais la beauté ici devient en fait secondaire ; il doit surtout être parfait sous l'angle des usages. Il l'est tellement d'ailleurs qu'il se fait oublier avec une rapidité déconcertante. Posant toute une série d'énigmes pour qui n'a pas compris que le sac a deux vies totalement différentes. Lui qui avait été l'objet d'un véritable coup de foudre lors de la rencontre se voit soudain traité d'une manière infâme, abandonné dans des recoins sombres, poussé du bout du pied, chahuté méchamment quand on ne trouve plus ses clés. Autre exemple : le rapport à la sécurité (que nous verrons bientôt plus en détail). Alors que le vol du sac alimente les pires cauchemars, on le laisse ici ou là sans trop de surveillance, ou bien il reste lascivement ouvert dans les transports publics, offrant ses trésors à la vue de tous. Enfin, dernier exemple : la question des bactéries et autres microbes. Amy Karen, microbiologiste au laboratoire Nelson de Salt Lake City, a publié une étude qui a fait grand bruit : le sac des femmes est infecté par des bactéries virulentes[3]. Les pseudomonas, qui peuvent causer des infections cutanées, le staphylocoque doré, à l'origine d'intoxications graves, la salmonelle, l'Escherichia-coli, et bien d'autres encore. Passé le choc de l'information, Valérie n'est finalement pas trop surprise. « C'est vrai que tout bien réfléchi, nos sacs, on les dépose partout ! Par terre quand on est dans des toilettes publiques et qu'il n'y a pas de crochet, par terre dans les cabines d'essayage. Ils frottent les portes du métro, se retrouvent à nos pieds au restaurant, ou au pied du bar quand on sirote un mojito. Bref, aucune peine à s'imaginer qu'ils sont vraiment dégueus. Or on sait bien qu'on les pose aussi sur la table de la cuisine quand on débarque les courses, voire sur le plan de travail. » Amy Karen conseille donc de laver très régulièrement les sacs. Est-il possible de s'habituer à laver régulièrement son sac ? Difficilement. De même qu'on ne nettoie guère le dessous de ses chaussures. Les chaussures cependant, on ne les pose pas sur la table. Le sac, c'est différent. On pardonne tout au sac, on ne veut pas voir, ou on oublie, ses périples peu recommandables. Comme s'il ne traînait jamais dans les bas-fonds ! Chut ! Ceci fait partie de sa deuxième vie, celle qui doit rester secrète.

15. *La main ou l'épaule ?*

Le sac tant aimé peut donc malgré tout être abandonné un temps, sur des sols ingrats, loin des regards ; oublié, maltraité parfois. Lyne le pose au sol et l'imagine un peu comme un animal de compagnie. « Il est là, fidèle et obéissant. » Pour Ninon, le toucher du pied est essentiel. « Il est toujours au pied. Pied avec lequel je vérifie, comme au cinéma, qu'il est toujours là. Œil, avec lequel je peux m'assurer, lorsque nous sommes plusieurs, que ses tripes ne sont pas à l'envers. Main, avec laquelle je peux, quand l'envie me titille, savamment aller y farfouiller. » Cette même envie titille aussi Apolline, non pas pour chercher un objet utile, mais pour caresser ses deux pierres fétiches. Le geste lui fait un bien fou dès qu'elle en ressent le besoin psychologique. « Mes deux roches ne sont pas en vrac. Elles sont posées au fond de mon sac sous mon porte-monnaie. Elles peuvent glisser un peu à droite ou à gauche mais sans plus et je les trouve facilement quand j'ai envie de les palper. C'était le plus pratique pour les avoir à ma portée facilement. Et ça fonctionne bien. Elles sont aussi cachées. Mais même mes deux amies les plus proches ne soupçonnent pas leur existence. Elles constituent mon jardin secret. »

Le sac est affaire de toucher. Il exécute avec les mains et le corps une chorégraphie raffinée, à nulle autre pareille : il n'existe pas deux femmes qui dansent exactement de la même manière avec lui. Nous avons déjà vu les gestes des manipulations intérieures, quand on le vide ou le remplit. L'extérieur aussi pose mille questions, c'est ce que nous allons suivre maintenant.

Impossible de tout dire en quelques lignes. Prenez le cinéma : combien de fois ne voyons-nous pas un sac mis en valeur dans des scènes d'action, transformé en arme féminine assez dérisoire ! Et ceci n'est pas que fiction, le sac peut réellement être utilisé pour donner plus de force ou d'emphase à un mouvement. L'exemple de la reine Elisabeth scandant avec le sien le début ou la fin des audiences est célèbre. Ou celui de Margaret Thatcher (encore plus célèbre, au point que « *to handbag someone* » soit passé dans le langage commun) imposant ses vues à coups de sac à main[1]. À travers la diversité des contextes et des cultures, le sac peut être utilisé à des fins très diverses et parfois surprenantes. Transportons-nous par exemple à Bangkok, ou les femmes ont l'habitude de se protéger de la pluie avec leur sac à main[2]. Ou dans les voyages de Maggy : « Il a presque fait le tour du monde, mon sac c'est mon oreiller. Partout, dans un train, une gare, un banc public. Hop ! Il se transforme en oreiller tout doux (c'est peut-être aussi mon doudou), je fais une petite sieste la tête dessus. » Le sac peut s'avérer bien commode dans mille occasions, par des usages détournés. Trompant l'observateur, qui pense bêtement qu'un sac ne peut être utilisé que comme un sac. Tout le monde se souvient de la princesse Grace Kelly se servant de son Hermès préféré pour cacher aux paparazzis son ventre arrondi par un début de grossesse. Helen use du même procédé (bien qu'elle n'ait aucune grossesse à dissimuler !). « Je me rends compte que mon sac camoufle un peu mon "petit" ventre. En effet, je les choisis souvent à bandoulière. Les rares fois où j'ai choisi des sacs se portant sur le côté ou à la main, je les ai souvent rangés au placard sans plus les ressortir ! Quand je m'assois à une terrasse de café, mon sac n'est jamais suspendu au dossier de la chaise mais toujours posé sur le haut de mes cuisses, devant mon ventre (qui n'est pourtant pas si "terrifiant", c'est sûrement plus psychologique qu'autre chose !). »

Raconter ces usages détournés serait un autre livre. Je souhaite ici me concentrer sur l'essentiel, et dire quelques mots sur les façons de porter les plus habituelles. Mon but n'est pas de les exposer toutes, mais de prendre quelques cas pour avancer dans la compréhension de la dynamique existentielle du sac. La question des deux vies reste ici encore très pertinente.

Tout commence par la familiarisation de l'objet, qui est une sorte d'extension de soi, comme si le corps anthropologique était à géométrie variable et avait la capacité de s'élargir au-delà du corps biologique. Le processus est troublant, car à certains moments la frontière se brouille entre corps anthropologique à géométrie variable (plus les automatismes gestuels sont nombreux, plus il s'élargit, en faisant entrer les choses dans la mémoire implicite) et corps biologique. Le sac n'est pas seulement oublié, il donne réellement l'impression de faire corps avec soi, de faire partie de soi, du corps de chair et de sang. Une des meilleures illustrations est le syndrome du bras manquant. « Notez qu'il m'arrive de sortir sans, mais c'est très inconfortable car j'ai toujours la sensation qu'il me manque quelque chose, que je ne suis pas complète. C'est un peu, toutes proportions gardées, comme ce qui est décrit pour les personnes amputées, elles "sentent" le membre absent. Donc, sans sac, me voilà comme amputée. » Amputation volontaire pour Noisette, donc plus facilement assumée. Amputation subie et violente pour Valmontine. « Mon sac est une extension de moi-même. Il y a un mois, j'ai oublié une sacoche dans le métro. Hormis le fait que j'ai failli

157

m'évanouir en pleine gare du Nord, j'ai ressenti pendant une dizaine de jours un membre fantôme au bout de ma main droite. Le poids, la forme de la poignée étaient là, l'objet ne l'était plus. Aujourd'hui encore, évoquer cet oubli me rend nauséeuse. »

Le sac habituel a trouvé une place corporelle si précise qu'il devient difficile de la changer. « Il m'arrive de le laisser pendre (en raison de son poids) tout simplement, à ma main droite avec quelques alternances main gauche. Mais ma position favorite est sur l'épaule droite. J'ai tenté la gauche mais, bizarrement, le sac glisse ! » (Emma). La moindre variation est ressentie physiquement. Carol Shields raconte comment, au tourniquet du métro, elle eut soudain une sensation bizarre à l'épaule[3]. Comme une légèreté anormale. Elle s'arrêta, inspecta, vérifia : son portefeuille venait d'être dérobé. Nous comprenons mieux maintenant pourquoi les sacs magnifiques qui déclenchent des coups de foudre peuvent ensuite être si piteusement délaissés. Laissons à nouveau la parole à Hélène, mettant en vente un deuxième trésor : « Vends sac cause ruine. Un Aridza Bross acheté le 8 septembre, porté une semaine. Cabas en cuir grainé fauve, surpiqûres blanc et marron, fermeture zippée, porté main (sauf si vos épaules sont minuscules), sangle pour bandoulière. Deux grandes poches extérieures, trois poches intérieures dont une zippée. Prix d'achat,

187 €, prix de vente 150 €. Pourquoi je l'ai acheté ? Parce qu'il est beau. Pourquoi j'en veux plus ? Parce que je supporte pas les trucs qu'on peut pas mettre sur l'épaule. » Pour Hélène, plus précisément : l'épaule gauche.

Le sac doit être à sa juste place pour être parfaitement oublié. Comme s'il était une vraie partie de soi. C'est ainsi d'ailleurs qu'on oublie de penser à le refermer quand il devrait l'être, « et qu'on laisse les gens y apercevoir un soutif avec des petits cœurs qui dépasse » (Sidonie). L'oublier sans totalement l'oublier en fait. Car la juste place dégage une sensation ; agréable, chaleureuse, familière, ainsi que le souligne France : « J'aime les porter tout près du corps, sur le côté. Je ne le tiens pas en effet par la poignée, à la main, ceci je le réserve au panier pour faire mes courses. En ce qui me concerne, j'aime bien porter le sac contre moi comme un prolongement. C'est chaud, rassurant. »

Ceci pour la première vie. Mais n'oublions pas l'autre, la superbe, l'éclatante, quand le sac se donne en spectacle. Pour elle, tout ce que je viens de raconter n'a plus aucune importance. Oubliée l'épaule gauche ou l'épaule droite, la juste place réglée au millimètre près. Ce qui compte désormais est l'image de soi à inventer, la beauté, la séduction. Jean est un observateur avisé, particulièrement sensible aux chorégraphies féminines les plus harmonieuses. « Le sac est très souvent porté à la main, ou glissé dans le creux du coude, pour les élégantes. Je ne saurais vous dire d'où vient le port du sac au creux du coude, pourquoi pas les années 1950. J'y ajoute sa variante, le sac porté comme un bracelet, le poignet relevé pour le maintenir. Ah, quelle élégance que celle d'une Parisienne qui, d'une légère flexion du poignet, abaisse son Vuitton ou son Lancel pour faire tinter son Pass Navigo, poussant de la hanche le tourniquet du métro, tout en tenant son iPhone contre l'oreille opposée ! » Le port du sac peut parfois être élevé à la dimension d'un art véritable.

Un art très codifié, qui s'inscrit dans les mouvements de la mode. En 1929 Coco Chanel impose un nouveau critère d'élégance : le sac porté à l'épaule [4]. Fini le sac porté à la main ? Que nenni ! Le sac à l'épaule (le sac à main, contrairement à son nom, n'est pas toujours porté à la main) va plutôt se diffuser comme confort dans les usages ordinaires. Alors que la petite pochette distinguée (le sac devient ici véritable accessoire) indique un signe de raffinement dans les soirées. La question en fait n'est pas tant l'épaule ou la main que la façon de les utiliser. Prenez la main. Associée aux sacs de cuir noir et raide des années 1950, elle marquait un style classique et conformiste respectueux de la tradition, typique de la sortie du dimanche, devenu aujourd'hui ringard. Mais il suffit de relooker le sac, d'assouplir le style, voire d'ajouter un je ne sais quoi (très étudié) de pendouillard dans la nonchalance, pour que le portage à la main devienne irrésistiblement branché. Dans un livre humoristique, Christophe Alévêque prend l'exemple de la première dame de France. « La seule chose qui n'a pas changé, c'est le sac à main griffé. Avec le style Bernadette, à l'ancienne, le sac se portait au bras, toujours prêt à faire disparaître les chèques. Avec le style Carla, résolument moderne, tout est pensé pour optimiser la glisse : les mains sont rassemblées en position de coup franc, au niveau du pubis ; le sac pendouille au bout. »

À l'inverse du style bas et pendouillard, certaines femmes ont opté pour une raideur très démonstratrice de leur avant-bras ; elles brandissent leur sac comme un trophée (il s'agit généralement de sac griffé bien sûr !). Ce qui ne doit pas être spécialement confortable. Mais je l'ai dit, le confort est secondaire quand la beauté prime. Tout se passe comme si les femmes choisissaient soit l'un soit l'autre selon les circonstances : pour l'ordinaire de la vie, le sac familier, à sa juste place corporelle, et pour les sorties, le sac s'intégrant dans une image de beauté, dont on accepte alors qu'il soit porté autrement. Élodie explicite bien cette dualité. « En fait je dirais, selon mon humeur, mon envie de faire femme, mon sac change, ma façon de le porter aussi. Mais la plupart du temps il est en bandoulière. Lorsque mon sac est en bandoulière, il fait partie de moi (corps à corps) et je ne m'en préoccupe plus en quelque sorte. Je marche et fais mes courses à mon aise. C'est juste que j'aime le côté pratique des choses et de la vie. Ainsi je déteste fortement les sacs à main qui ne peuvent que se porter à la main ou sur l'avant-bras. Quelle horreur ! Ce n'est absolument pas pratique. Cependant je reconnais que cela peut avoir un côté élégant. » Élodie aime le côté pratique, la familiarité usuelle de son sac porté en bandoulière, la diagonale de la lanière collée au dos et traversant la poitrine. Mais elle aime aussi « faire femme ». Elle choisit un petit sac élégant porté à l'épaule. « Lorsque je porte un autre sac sur l'épaule je le sens présent. Par sa façon de tomber parfois lorsque je me baisse pour regarder un livre dans un rayon plus bas, lorsque je marche vite il glisse… » Regrette-t-elle alors son sac en bandoulière ? Pas du tout. Car elle est dans un tout autre schéma d'existence, où l'image de soi prime, et qui tolère l'inconfort. « Je pense que quand je porte un sac ainsi c'est peut-être une façon de m'affirmer ou une forme de confiance en moi qui est différente du port du sac en bandoulière. Mais j'assume car j'ai eu l'envie. » Tout part de l'envie, qui redessine totalement les lignes de la vie. Elle précise quand même qu'il ne faut pas que ce soit trop souvent. « Cependant je ne me sens pas moins à l'aise. » Sa dernière phrase intrigue, et on peut logiquement se demander si elle n'a pas été lancée à la légère. Pas moins à l'aise ! Elle qui aime le côté pratique et qui a horreur de ce qui ne l'est pas ! Comment pourrait-elle se sentir à l'aise avec ce sac qui tombe et qui glisse ?

D'ailleurs, Céline, qui a exactement le même double choix, est elle très claire. « Les sacs que j'utilise la semaine possèdent une bride, pour que je puisse les porter en bandoulière (mon travail nécessite que je sois fréquemment à l'extérieur et que j'aie les mains libres). Il en va de même quand je fais des courses. C'est effectivement le plus pratique, mon sac ne dérange pas mes mouvements. Quant aux sacs que j'utilise en soirée, ils se portent à la main, c'est plus élégant. Le soir, j'aime le tenir à la main, cela fait partie du jeu. Suivant l'endroit où je vais, si je ne connais pas beaucoup de monde, cela évite de ne pas savoir où mettre mes mains et donc cela m'arrange bien. Si je suis dans une soirée dansante, où ça bouge, alors effectivement cette prolongation de mon bras m'ennuie un peu, parfois beaucoup, et entrave considérablement mes mouvements. » Cela fait partie du jeu (de la séduction), et Céline aime bien ce sac porté à la main. Jusqu'à certaines limites, quand l'inconfort devient trop manifeste, comme dans les soirées dansantes. D'ailleurs, ce contexte des sorties nocturnes a incité la firme Tesco Mobile à lancer sur le marché un téléphone jetable, après une étude ayant révélé qu'une majorité de femmes détestent leur sac à main quand il les empêche de bouger librement en soirée. Alors Élodie, une menteuse ? Eh bien non, pas du tout. Et son exemple nous montre au contraire combien peut être fort le pouvoir de l'image. Car lorsqu'elle entre dans cet autre monde, cette deuxième vie du sac, elle est tellement transportée ailleurs qu'elle réussit à ne pas ressentir d'inconfort quand il tombe ou quand il glisse. Il suffit que l'envie soit assez forte, pour que les images de soi parviennent à filtrer et à recomposer entièrement l'existence.

16. Dangers en tous sens

Les deux vies du sac composent chacune tout un univers de perceptions et de valeurs. Quand la femme se situe dans l'un elle oublie l'autre, qui devient un monde lointain, sans signification, sans réalité. Hélène a du mal à comprendre comment elle a pu acheter ces trois sacs magnifiques qui ont précipité sa ruine. Le même combat entre deux mondes se livre à propos de tout ce qui touche aux divers dangers de l'existence et à la sécurité. À commencer par le risque de se faire voler son sac ou que soit dérobé son contenu précieux. Régulièrement la femme pense donc à dissimuler, fermer, vérifier que tout est bien là. Mais cela lui demande un effort, en rupture avec la familiarité ordinaire. Autant dire que souvent elle oublie de dissimuler, fermer, vérifier. Les rares cas contraires illustrent généralement des fictions romanesques. Tel le personnage de miss Murdstone dans *David Copperfield*[1]. « Pour payer le cocher, elle tira son argent d'une bourse en acier, puis replaça la bourse dans son sac à main – véritable prison – qui était suspendu à son bras par une lourde chaîne et se fermait comme une mâchoire. Je n'avais jamais vu de dame aussi métallique que miss Murdstone. » Dans la vraie vie, les sacs ne sont pas attachés au poignet. Ils restent largement ouverts dans le métro. Ils sont laissés ici ou là sans surveillance. Le patron d'une boîte échangiste relate ce fait très révélateur : désireux de faire la chasse aux prostituées qui tentent de s'insinuer dans son établissement, il les repère en fait à leur sac à main[2] ! Car, en bonnes professionnelles très averties des risques, elles les gardent avec elles pendant leurs ébats. Les autres femmes les abandonnent pendant qu'elles s'abandonnent.

Les risques (et pas seulement dans les boîtes échangistes !) sont pourtant sérieux et fréquents. Le « vol à l'arraché », notamment, est un grand classique de la délinquance urbaine. Ne sombrons pas malgré tout dans une paranoïa à la miss Murdstone ! Comme dans ce petit guide du voyageur qui, après un préambule alarmiste (il y a dans toute ville du monde des personnes à l'affût du touriste) en vient à donner ce conseil radical : « Ne vous promenez jamais avec un sac à main[3]. » Mais il est vrai que les vols de sacs, outre qu'ils ne sont pas exceptionnels, représentent de véritables agressions. D'abord dans leur forme, impulsive et sauvage.

Certes aucun crime n'est un modèle de civilisation. Le vol de sac à main cependant est spécialement au plus bas, y compris du point de vue des malfrats, qui eux aussi ont leur hiérarchie des valeurs. Il est l'œuvre de petites fripouilles ou, encore plus tristement, de jeunes à la dérive. Aucun plan soigneusement élaboré à l'avance. Une soudaine impulsion, solitaire, parfois désespérée. Écoutez ce récit d'un ancien voleur repenti. « Impossible de me pointer à l'Armée du Salut ; j'étais encore mineur. La déchéance. Dans ces circonstances on perd peu à peu ses repères, sa dignité. On n'a plus que l'instinct de survie comme maître. On va derrière l'hôpital Saint-Luc fouiller dans les poubelles. Puis, à un moment, on n'en peut plus. On est alors prêt à n'importe quelle folie. On court, on arrache un sac à main[4]. » Ce désespoir de la pauvreté n'atténue pas la violence de l'acte, bien au contraire. Peut-être est-ce pour cette agressivité sauvage que, dans les classifications policières, le vol à l'arraché a pu apparaître parfois dans la « grande criminalité », alors que l'homicide non crapuleux n'était considéré que dans la « moyenne criminalité[5] » ? Il est vrai que la violence de l'acte va bien au-delà de sa forme ou de la valeur financière des objets volés. Car il est perçu comme un viol véritable, un saccage de l'univers intime, un arrachement d'une partie de soi.

Le sac peut donc être aussi mêlé à des délits, voire se trouver au centre de scènes de crime, il peut être le sac de tous les dangers. En étant arraché, outragé, dévalisé. Mais aussi dans le sens contraire, en se faisant le complice et l'instrument du crime. Ou, de façon plus défensive, pour prévenir les agressions. Il y a sans doute en réalité peu de revolvers dans les sacs. Mais une société parle aussi par son imaginaire. Combien de petits revolvers de dames soudainement sortis du sac dans des séquences cultes du cinéma ! Combien de sacs à revolver plaqués sur soi dans les romans ! Djama Tounkara, héroïne de fiction, le tenait serré sur sa poitrine. Il y avait chez elle de l'indignation et de l'inquiétude. « Et aussi, bizarrement, comme un calme, qui par intervalle, lui ramenait toute sa dignité, qui tempérait les battements de son cœur chaque fois que ses doigts rencontraient, à travers le cuir mince de son sac à main, la crosse du pistolet petit modèle dont elle ne se séparait plus[6]. » Et puis n'oublions pas les revolvers en pensée. Écoutez Gore Vidal, se glissant dans la peau d'une femme, la nuit, dans Bourbon Street. « Il y avait du sexe dans l'air. Également le bruit sourd de la musique dans les bars. Tous les visages avaient l'air livide sous l'éclat des néons. La nuit une femme seule était comme un défi dans cette ville, dans cette rue. Les hommes me reluquaient, lançaient des plaisanteries, mais, Dieu merci, aucun n'exhiba ses parties. Je me concentrai sur mon sac à main et y mis un revolver imaginaire que je chargeai. Grâce à une intense concentration, je fus en mesure de convaincre le plus saoul des Johnnies que j'étais armée et dangereuse[7]. »

Les hommes craignent de fouiller le sac des femmes. Ils savent, ils sentent qu'il est le lieu d'une intimité inviolable, peut-être remplie de mystères. Et les femmes en profitent, bien sûr, quand la nécessité ou les circonstances nécessitent de dissimuler certaines choses. Pour le bien ou pour le mal. Je ne parle pas des armes d'auto-défense, qui n'ont rien de surprenant. Simple spray au poivre pour Céline. Ou bombe lacrymogène pour Madame A., qui travaille de nuit dans un quartier à problèmes[8]. Mais des clandestinités plus subversives. Comme le rôle joué par les sacs à main dans les guerres de libération, par exemple pour transporter des grenades en Algérie. Sans doute pas la meilleure planque, dit Frantz Fanon[9]. Pour les femmes algériennes, il s'agissait d'une sorte de geste instinctif, un élargissement insolite du « tout mettre dedans ». De même que pour les femmes moldaves, pour un trafic (moins glorieux !) de contrebande de bouteilles de vodka. « De petits groupes de femmes moldaves d'âge moyen attendent sur le trottoir, à proximité du marché, dans une petite rue au milieu des immeubles ; elles ont un sac à main pour tout bagage. Les passants s'arrêtent à peine, de petites bouteilles de vodka passent furtivement d'un sac à l'autre et chacun repart dans sa direction. »

Bref ! Un sac à main peut vraiment servir à tout et son contraire. Il n'est donc guère étonnant qu'il soit de plus en plus visé dans les diverses opérations sécuritaires. Autrefois inviolable et secret, le sac doit désormais accepter régulièrement de s'ouvrir et d'être fouillé par des mains étrangères. Il faut changer dans sa tête pour l'accepter, et c'est possible. Car les territoires de l'intime ont ceci de particulier qu'ils varient selon les contextes, qu'ils sont construits par les situations traversées. La nudité par exemple n'est pas impudique partout de la même manière. Il suffit parfois de quelques mètres, de franchir par exemple la frontière du premier grain de sable, pour pouvoir enlever son haut de maillot sur la plage. Ou il suffit d'entrer corps et âme dans le rituel qui légitime : on n'est pas nu devant son médecin, mais habillé par le regard médical. Les douaniers, agents d'aéroport ou vigiles de toutes sortes doivent donc aujourd'hui résolument habiter un tel type de rôle pour fouiller les sacs à main sans réserves. À voir leurs gestes délicats quand ils attaquent cette fouille particulière, on comprend que ce n'est pas toujours facile. Surtout quand ils sentent, ou croient sentir, des émotions en face. Brunette avait effectivement été toute remuée, et elle est encore sous le choc. Le douanier avait commencé par inspecter sa voiture. « Là rien de spécial, je m'en fichais. Mais lorsqu'il a plongé la main dans mon sac à main, j'ai eu comme un frisson ! Il a fouillé dedans ! Sans me prévenir ! J'ai eu l'impression qu'il entrait dans mon intimité. Pourtant mon sac est souvent grand ouvert. Ouvert oui, mais qu'un inconnu, même si c'est son travail, y plonge la main ! Je pense qu'un simple, "Je peux ?" m'aurait suffi pour ne pas sentir cette sensation désagréable. »

Le face-à-face avec un professionnel de la sécurité est particulièrement intéressant à décrypter. Il doit s'en tenir à la définition objective des risques, et adopter juste ce qu'il faut de doigté et de diplomatie quand il ressent que cette définition de la situation n'est pas partagée. Mais en s'efforçant de ne pas avoir de doute. La femme fouillée par contre fait un effort permanent pour se contrôler et entrer elle aussi dans ce cadre officiel. Cependant son corps parle en secret et lui dit autre chose. Les émotions sont prêtes à jaillir, pour dire non à ces mains intrusives.

Elles jaillissent en particulier dès qu'un excès de zèle semble apparaître et qu'il est vécu comme une injustice. La fouille à la sortie des magasins est spécialement délicate. Car s'y surajoute un soupçon de vol, devant témoins, qui par leurs regards en coin donnent l'impression de ne rien dire mais de n'en penser pas moins. Insupportable bien sûr quand on est innocente (et très pénible quand on est coupable !). Il faut toutefois comprendre que du point de vue des commerces, le sac puisse être suspecté. Tellement suspecté d'ailleurs que des vigiles de grands magasins et hypermarchés ont de plus en plus la consigne d'interdire les sacs qui leur paraissent anormaux ou problématiques. Mais comment les détecter ? Qu'est-ce qu'un sac à main normal ? Il n'existe évidemment pas de définition. Intuitivement leur œil exercé est attiré par les sacs énormes ou gonflés, genre fourre-tout, des ramasseuses compulsives comme Melody, ou des adeptes du sac ayant réponse à tout comme Annick. Quand le sac dépasse la norme implicite (elle n'est déclarée nulle part), surtout si sa propriétaire a elle-même un look attirant les regards (les BCBG avec un gros sac Birkin n'ont pas de problème), ils peuvent demander que le sac soit laissé à l'entrée. Dans un forum de discussion sur ce thème, plusieurs femmes témoignent et expriment leur colère. Maguyflower : « J'arrive dans le magasin en question, quand le monsieur qui fait la sécurité m'arrête et me demande ce qui "gonfle" mon sac. Je sors donc mon sachet de course et ouvre mon sac pour montrer que je n'ai rien d'illicite à l'intérieur en lui disant : "J'ai juste mes affaires et quelques cours". Puis il me demande : "Vous êtes étudiante ?". Je réponds par l'affirmative et là il me dit de laisser mon sac à l'entrée en me montrant le sol devant le tourniquet, totalement à découvert et sans surveillance [10]. » Petitemiss a l'impression d'avoir vécu la même chose. « J'avais un sac besace qui me servait de fourre-tout.

Mais dedans j'avais chéquier, portefeuille, porte-monnaie, carte bleue, papiers de voiture, clés en tout genre, appareil photo (grooooos appareil), parapluie, etc. Bref le genre de bric-à-brac tellement féminin. » Le vigile lui dit de le laisser à l'entrée. « Donc là je m'emporte, je m'énerve en lui demandant comment je paye. Il me dit : "Vous prenez votre chéquier à la main." Mais bien sûr ! Et mon portable, mon appareil photo ? Si on me les vole ? Je fais comment ? (Parce que l'appareil photo, je me suis saignée pour me l'offrir…) Il me dit : "Nous n'en sommes pas responsables !" Je réponds donc qu'il m'oblige à laisser mes affaires à l'entrée mais qu'il décline toute responsabilité ? Du coup j'ai fait un bordel monstre, le gars, las, m'a laissée entrer [11]. » Djagounette s'énerve surtout du jugement au faciès (pour la personne et pour le sac), et à propos du caractère secret des critères de discrimination. « Mais c'est écrit où, dans quel texte de loi, qu'on doit faire gaffe à la taille du sac quand on va faire des courses [12] ? »

Au nom d'une idée (tyrannique) du beau et du normal, tous les gros décidément, qu'ils soient sacs ou personnes, souffrent de discriminations. Ingrid se range du côté des accusateurs. « Il faut dire que c'est un peu logique aussi quand on voit qu'il y en a qui se trimbalent avec des sacs à main gigantesques dont elles ne doivent même plus savoir ce qu'il y a au fond, genre sacs à provisions ! Les vigiles se disent que ce n'est peut-être plus un sac à main, ce truc-là. »

Justement ces trucs-là, les très gros sacs, il est temps maintenant de plonger dans leur univers.

17. *Au cas où*

Les sacs grossissent pour des raisons diverses. Parfois ils ne sont ainsi qu'un moment, dans un contexte particulier. Ou bien, déjà gros à l'origine, ils grossissent encore plus. Quand Valmontine va faire du sport par exemple. Pourquoi s'encombrer d'un sac de sport quand le sac à main est déjà là ? Elle met tout dedans. Les affaires de travail (agenda, dossiers, petit ordinateur) peuvent aussi le faire grossir en semaine. Il gonfle si facilement ! Sans même que l'on s'en rende compte, tandis que l'on pense se rendre la vie plus facile. Ainsi, Patricia Vaz fut élue « *Business Woman of the Year* » pour l'invention du « *Handbag management style*[1] ». Contre les hommes, qui arrivent en réunion avec des montagnes de documents, elle avait lancé l'idée féminine du « tout dans le sac à main » impliquant un style de management plus décontracté. Mais pas plus léger pour le sac à main ! Il est si commode de tout mettre dedans. Spécialement quand on fait des courses. Les petits sacs n'ont guère de place à offrir. Les quelques objets qui sont là refusent de se tasser encore davantage ; les courses restent à l'extérieur. Mais les gros au contraire sont prévus pour accueillir ; les courses se surajoutent aux accumulations habituelles. Et les gros sacs grossissent encore davantage. Solena utilise tous les jours le sien pour ses emplettes diverses (vêtements, alimentaire). Il s'agit d'un grand fourre-tout qu'elle a fabriqué elle-même au crochet, en matière extensible. Heureusement d'ailleurs. Car il y a déjà tout un bric-à-brac avant d'ajouter ses achats. « Un magazine, un p'tit bouquin, que je sors dès que j'ai à attendre (arrêt de bus), un stylo, un agenda, un porte-monnaie, un portefeuille, un litre de quelque chose à boire, des fois une jaquette voire un bonnet-gants-pull, une lampe de poche solaire, un stick pour les lèvres sèches, deux ou trois Aspégic, des gouttes de Rescue (en cas de choc émotionnel), mon mobile, souvent un parapluie pliant, un petit caillou, des trucs que je ramasse. Et surtout il me sert à trimbaler mes courses. Il est tout le temps bourré de trucs. »

Qu'il soit petit ou gros, tout sac renferme un minimum de choses indispensables : papiers d'identité, moyens de paiement, clés, téléphone mobile, etc. Mais pour les gros, ce n'est là qu'un début. Deux types très différents d'objets viennent ensuite s'adjoindre. Les symboles d'affection ou les porteurs de mémoire, qu'ils soient papiers ou cailloux, ceux que Sophie appelle ses « trésors ». Et les autres, qu'elle nomme ses « passeports pour la sécurité », prévus pour envisager tous les risques, tous les manques, tous les problèmes que pourrait réserver la journée, et donner les moyens d'y répondre. « Il est tellement lourd que je ne voudrais pas être à la place de l'agresseur qui pourrait en faire les frais ! » Ces objets du deuxième type envisagent l'avenir, et dressent les scénarios de tous les dysfonctionnements imaginables. Karen les intitule très joliment ses « au cas où ». « J'essaierais bien de l'alléger, mais quand je pense à tous les "au cas où" il pourrait m'arriver quelque chose, j'ajoute ce qu'il faut : à boire, à manger, des médicaments, des mouchoirs. » Rien ne peut donc plus arriver d'insurmontable. Lolo est parée ; face à tous les événements de la vie, son sac est là pour la défendre. « Un appel au secours ? Portable prêt à être dégainé à la première sonnerie ! Éternuement soudain ? Mouchoir extrait en une seconde ! Douleurs lancinantes ? Cachet adéquat aussitôt retiré, aussitôt pris ! Pas de savon à l'horizon ? Lingettes humides et fraîches à disposition ! Et j'en passe ! »

Les « au cas où » imaginent des situations hypothétiques en remplissant leur sac. Plus elles se les représentent, plus ces situations les angoissent. Plus ces situations les angoissent, plus elles remplissent. C'est souvent ainsi que les sacs grossissent et grossissent encore. Dans les listes d'inventaire qui m'ont été envoyées, il est d'ailleurs frappant que souvent ces situations aient été signalées entre parenthèses pour justifier la présence de l'objet. Voici un extrait de la liste d'Isabelle :

« — un trombone (toujours utile)
— un tampon (ça dépanne bien le jour J)
— un élastique à cheveux
— quelques cachets de Doliprane et de Nurofen (y a que ça qui me soulage de la douleur quand j'ai mes règles)
— un carré de chocolat en sachet (pour un petit creux)
— une petite bouteille d'eau
— une paire de collants de rechange. »

La liste de Coco est encore plus parlante. Elle n'a pas tout cela tous les jours dans son sac. Il faut plutôt la lire comme une parfaite illustration des « au cas où » :

« — le nécessaire à maquillage (en cas de retouche dans la journée)
— une eau de toilette (en cas de rencontre impromptue)
— des préservatifs (normal, les hommes n'ont pas de sac !)
— les serviettes hygiéniques (au cas où !)
— les paquets de Kleenex (on ne sait jamais)

— la boîte de pastilles (en cas de toux)

— les médicaments (en cas de crise d'angoisse, d'allergie, de saignements de nez, de crise de foie)

— la bombe rafraîchissante (en cas de canicule)

— une paire de gants (en cas de froid)

— la crème pour les mains (en cas de gerçure)

— les lunettes de soleil (en cas de soleil)

— le parapluie (en cas de pluie)

— le dernier roman en cours de lecture (en cas d'ennui)

— le portefeuille bien épais car rempli de cartes de fidélité et de cartes de crédit (en cas d'achat de dernière minute)

— les pièces d'identité (en cas de contrôle de police !)

— le trousseau de clés (normal, on va pas le laisser sous le paillasson)

— une paire de chaussures talons hauts (pour changer avec celle à talons plats). »

En réalité, le sac renferme encore plus que ces listes ne le laissent supposer. Car un des principes de base des « au cas où » est d'envisager d'abord les risques et les problèmes avant d'inventorier ce qui est déjà dedans. D'où la présence fréquente de très nombreux doublons. Des stylos surnuméraires, des cachets pour maux de crâne en boîtes multiples, des mouchoirs innombrables. Bien qu'elle ait rarement plus de deux paquets de mouchoirs, Mademoiselle M. trouve que un, quand même, c'est insuffisant. « Parce que si je pars avec un vide, je me dis mince, si je suis enrhumée et que je n'en aie pas assez, je fais comment ? Si je dois en passer à quelqu'un qui m'en demande, en aurai-je assez pour moi après ? » « Un sac où il manque quelque chose, dit Valmontine, est un sac qui m'angoisse. » Un sac trop petit l'angoisse aussi, car elle pense qu'il doit y manquer quelque chose. Mieux vaut un sac bien gros, bien rempli, quitte à ce qu'il trimbale des doublons ou des choses inutiles, pour être rassurée. Ce qui suit n'est pas tout l'inventaire du sac de Sophie (infiniment plus vaste !), mais seulement de la pochette « spéciale stylos » qui s'y trouve. « Puis une pochette qui contient quelques dizaines de stylos encre et leurs cartouches, au cas où. Billes en cas de panne sèche de l'encre, feutres parce que c'est agréable d'écrire avec, un correcteur ruban (pour le cas ou je ferais une erreur et que je m'en aperçoive : on ne sait jamais), un critérium pour les messages qui risquent d'être effacés, deux limes à ongles. Voilà, ça c'est la première pochette trouvée ! Bien évidemment il est bon de préciser que la majorité des stylos et crayons qui se trouvent dans mon sac sont souvent là au cas où me prendrait l'idée d'écrire. Mais il est aussi vrai que j'essaie d'utiliser toujours le même pour telle ou telle application (ex : le stylo bleu pour écrire sur l'agenda, le noir pour le carnet de notes). Et puis il y a le stylo encre pour remplir les papiers officiels… ceux qu'on ne remplit que rarement ou bien une fois tous les dix ans… mais on ne sait jamais. Je suis attachée aux choses, et les crayons et stylos sont pour moi des objets indispensables. » Celui qui ne jugerait (en ricanant sans doute) que de la fonctionnalité des choses ne comprendrait rien à son univers. Tous ces stylos meublent sa cosmogonie personnelle, sans laquelle elle ne serait pas ce qu'elle est. Bien au-delà d'une simple vertu de réassurance, ils sont sa manière d'être. « Mon sac étant une extension de mon appartement, il va de soi que ces petits objets viennent régulièrement m'accompagner dans mes déplacements. » Sophie le dit très bien : son sac est une façon d'habiter le monde, une sorte de petite maison portative. « Il est le prolongement de ma maison, mon lien entre chez moi et le monde extérieur. Pour tous ceux qui riront je répondrai : je peux ne pas rentrer chez moi, j'ai tout ce qu'il me faut sur moi ! »

Qu'importent les moqueries ! Les adeptes des gros sacs assument leur choix existentiel, retourné parfois de façon étonnante en instrument de distinction. Ketty cultive cette originalité provocatrice. « J'aime que l'on me dise qu'il est lourd, j'aime voir les yeux étonnés, parfois moqueurs, parfois interrogateurs, parfois admirateurs. » Mais la vie n'est pas si simple avec un gros sac. Plus qu'un autre il engloutit dans ses couches profondes, et rend les recherches problématiques ; plus qu'un autre il agace. Et puis, il est lourd. Car tout gros sac est un sac lourd, qui tire sur l'épaule. Enfin, tout gros sac a une fâcheuse tendance à grossir encore. Régulièrement il est donc mis au régime, et l'on se jure de ne plus en mettre autant dedans. Hélas ensuite ça recommence. Pour conjurer ce risque de débordement perpétuel, Mahina a pris une option radicale : jamais elle n'acceptera d'avoir un gros sac, car elle sent qu'elle serait prise au piège. « Il est exclu de me trimbaler avec un "gros" sac, comme à la mode en ce moment. Non, tout ça tient en bandoulière dans moins de 30 cm de long sur 20 cm de hauteur, et une épaisseur variable, d'une élégance douteuse. » D'une élégance douteuse car le petit sac en devient tout rond à force d'être rempli, forcé, gavé. Jugez plutôt ce qu'il doit avaler. « On y trouve (ou plutôt, on peut y chercher avec agacement), portemonnaie, carte bleue – flûte, ce n'est pas la bonne ! où est l'autre ? – cartes de fidélité ou carte de sécu, papiers de la voiture, chéquier, factures en vrac, papiers de chewing-gum, le kit "fille" de base (peigne, miroir, baume à lèvres, sachet d'aspirine, préservatif selon les périodes), carnet intime, truc à lire au cas où j'aurais le temps, restes de goûter des enfants, paille ou agitateur coloré rescapés d'une sortie au café, paquet de mouchoirs et même – mais comment est-ce que cela rentre sans exploser ?! – parapluie de secours, livre, canette ou bouteille d'eau voire les jumelles un soir de spectacle ou les bas non remis après visite chez le médecin... Bien sûr il y a aussi les clés de la maison : gros porte-clés pour arriver à les repêcher d'une main, les clés de la voiture, les clés du bureau, l'opinel (régulièrement confisqué lors d'un passage par un aéroport. Clés pour lesquelles – conseillée récemment par ma deuxième fille – j'ai introduit dans le vrac une sous-pochette, histoire de m'y retrouver. » Même les sacs qui de l'extérieur n'ont pas l'air gros peuvent parfois aussi, en leur âme, être de gros sacs.

Il y a les sacs qui grossissent de façon ponctuelle (transformés à l'occasion en sacs de voyage ou en paniers à provisions), et puis il y a le gros sac chronique, toujours là, inchangé, unique ; le gros sac qui peut accompagner toute une existence. En réalité, très souvent le sac varie dans la vie. Un sac peut raconter une vie par ses variations ; nous verrons cela en détail un peu plus loin. Mais dès à présent quelques mots sont possibles sur l'unique question de sa taille, car il ne grossit pas (ou ne diminue pas) au hasard dans une trajectoire biographique. En dehors des effets de la mode, il commence générale-ment par la légèreté, avant de grossir au milieu de la vie, à mesure que s'accumulent les expériences, les habitudes et les petits problèmes. Cathe a trans-formé cette nécessité ressentie en « amour » des gros sacs. « Depuis que j'ai abordé la quarantaine j'aime les gros sacs. Je pense qu'avec l'âge et "l'expérience" on a besoin de se rassurer et d'emporter avec soi tout objet qui est pour nous indispensable et important afin de faire face à toutes éventualités. Ainsi j'ai besoin de plus d'espace pour y accumuler mes affaires personnelles. Une fois rempli, ce sac est incontestablement un peu lourd et encombrant mais j'ai l'esprit libre puisque j'ai toutes mes affaires pour la journée et/ou la soirée. Et j'avoue que si j'oublie un objet pendant quelques secondes je suis contrariée. Je suis prête à tout imprévu, à me refaire une beauté. » Cette évolution n'est ni générale ni inéluctable. On peut d'ailleurs parfois observer vers la cinquantaine un mouvement de révolte contre le gros sac, au nom d'une aspiration nouvelle à la légèreté, qui ressemble à une envie de jeunesse. Pizzicata a failli déclencher une telle rébellion quand elle a découvert dans les couches profondes une paire d'escarpins qui avaient été oubliés là. Elle s'est contentée de réduire un peu la taille, ne pouvant se résoudre à abandonner sa « caverne d'Ali Baba » et son « trou d'écureuil », où elle cache ses « trésors » et ses « noisettes » (elle grignote souvent des gâteaux, bonbons, pomme, chocolat ; sortis du sac comme par magie).

Prenons le temps d'entrer plus en profondeur dans une histoire de gros sac ; Annick sera notre guide. Voici son histoire, celle d'un « trop gros sac pour une petite femme ». Elle en ressent intensément le besoin, la vie lui semblerait impossible sans lui. « J'ai besoin d'avoir tellement de choses… à portée de main ! J'ai besoin d'un grand sac. Un objet absolument nécessaire, vital même, pour moi. Non le mot n'est pas trop fort ! Pourquoi ? Parce que ma vie de la journée en dépend presque, ou du moins, dans mon esprit. » Peut-être que tout ce qu'elle a dedans n'est pas absolument nécessaire. Mais sans toutes ces choses à portée de main, elle serait pétrie d'angoisse. « Anxieuse j'étais, anxieuse je suis ! » Comme pour Sophie, son sac est un peu sa seconde maison, et cette idée elle aussi la rassure. « Si je devais retrouver mon appartement brûlé en rentrant, le contenu de mon sac sauverait l'indispensable. » Elle procède de mémoire à l'inventaire : « Tous mes papiers, mes médicaments usuels, et ceux dont je pourrais avoir besoin éventuellement, mes lunettes, mon agenda avec toutes mes adresses recopiées et mes rendez-vous, un petit nécessaire de maquillage, des lingettes de toilette, quelques petits pansements adhésifs, mon téléphone, un mininécessaire de couture, des mouchoirs en papier, une brossette inter-dentaire, un poudrier avec glace, une pince à épiler, une brosse à cheveux, un parapluie pliant, de la monnaie et quelques billets hors du porte-monnaie (au cas où je le perdrais), mes clés de maison, de voiture, mon chéquier, ma carte bancaire et autres cartes en tous genres, un gel antibactérien, ma minibouteille d'eau. Est-ce vraiment tout ? » Pour tout dire, nous avons déjà vu plus impressionnant, Annick n'a pas le plus gros sac du monde. Pour elle qui est petite cependant, il est immense, et surtout très lourd ; elle souffre véritablement à le porter. Elle essaye régulièrement de l'alléger. En vain. « J'ai beau me raisonner et essayer d'alléger (surtout maintenant que je souffre du dos), je n'y arrive pas. Combien de toutes ces choses vont me servir en une journée ? Mais cela me rassure, me sécurise. Je me sens protégée par ce gros sac bien rempli. » Le gros sac de survie réduit considérablement les choix esthétiques, d'autant que, comme beaucoup de gros sacs, il est unique. Elle a donc dû abandonner l'idée de l'autre vie du sac (élégance et séduction) qui pourtant la faisait autrefois rêver. « Il est souvent peu élégant esthétiquement parlant, pas toujours très beau, et le plus souvent tristement noir, pour aller avec tout. Je ne suis pas grande, assez menue, je suis coquette, et pourtant je porte pratiquement toujours un grand sac qui écrase ma silhouette, trop lourd pour mon dos qui me fait souffrir. Je fais fi de toute séduction et de toute souffrance pour emporter avec moi ce qui me paraît vital pour une journée hors de chez moi. De temps en temps j'achète un nouveau sac, un peu plus petit, de couleur, un peu plus joli, pour me contraindre à réduire ce que je transporte habituellement avec moi. Eh bien, soit je l'utilise peu, soit le jour où je l'utilise j'emmène avec moi le complément dans un autre grand sac genre "fourre-tout". Résultat : un sac sur l'épaule, un autre à la main. "Toujours l'air d'une voyageuse !" Si par hasard je résiste à la tentation de "tout" prendre un jour, je crois que je provoque le manque de ce dont je vais avoir besoin ce jour-là, par l'angoisse générée par mes pensées. »

Les douleurs du dos, les désirs d'élégance, rien n'y fait. L'irrésistible besoin du gros sac est plus fort que tout. Annick explique très bien que c'est pour chasser l'angoisse et se rassurer, et qu'elle ne parvient pas à se sentir bien sans cette extension d'elle-même. Pourtant, elle ne cesse d'avoir un regard critique sur ce sac qui l'encombre et lui fait mal, elle multiplie les tentatives pour s'en délivrer ; le sac est au centre d'un perpétuel combat intérieur.

La richesse de son témoignage m'incitait à en découvrir davantage. Je lui demandai donc s'il en avait toujours été ainsi. C'est alors qu'elle me raconta son histoire. La voici. J'ai préféré ne pas l'interrompre, car il me semble qu'elle n'a aucunement besoin de commentaires.

« Eh bien non ! Je ne me suis pas toujours encombrée d'un gros sac. Jeune fille puis jeune femme, légère et court-vêtue (l'époque des premières minijupes), je ne prenais pas forcément un sac pour les sorties copains, amis, cinéma, etc. Et, lorsque je prenais un sac, il était petit. Dedans, il devait y avoir un mouchoir et, coquetterie oblige, un poudrier avec glace et un rouge à lèvres. Je n'en étais pas encore à "prévoir l'imprévu" !

« Le sac est devenu gros et plein le jour où un drame m'a complètement déstabilisée et a modifié le cours de ma vie. Un merveilleux coup de foudre partagé, un beau mariage de rêve à dix-neuf ans, quelques années d'un merveilleux bonheur, se sont terminés par un veuvage à vingt-cinq ans, suite à la mort de mon jeune époux âgé de vingt-sept ans, d'un cancer foudroyant. J'ai failli le suivre dans la tombe, non pas par suicide, mais par un épuisement général, aux causes nombreuses, mais surtout lié au fait que je ne pouvais plus m'alimenter.

« Plus tard, j'ai ressenti le besoin de fuir le regard et les paroles des gens dont la fausse empathie me révoltait, en allant travailler à Paris. Ma vie est devenue plus compliquée.

« Et... mon sac est devenu plus gros et plus lourd.

« Pourquoi ? Je devenais une petite inconnue dans la grande ville, traumatisée par son passé récent, assez timide, encore trop naïve. Mon sac représentait un peu de mon chez-moi, hors de mes repères habituels durant plus de douze heures par jour loin de mon domicile. Une sorte de "doudou" du bébé devenu adulte. Puis, quelques années plus tard, un autre événement difficile dans ma vie fit que ma situation financière est devenue, pendant une longue période, plus précaire.

« Et... mon sac est devenu encore plus gros, encore plus lourd.

« Les raisons furent tout autres, plus matérielles. Il était impératif que je possède avec moi tout ce dont je pouvais avoir besoin en douze heures, car je n'avais plus les moyens de faire des dépenses inutiles ou non prévues.

« Ainsi va la vie… et les habitudes prises. Ma situation financière s'est rétablie. Mais j'ai continué et je continue à avoir besoin d'avoir avec moi l'utile, le futile, et le peut-être utile ! »

18. *Lourdeurs et légèreté de l'être*

Le gros sac protège. Il lui arrive même d'augmenter à mesure qu'est ressenti un besoin de réassurance. Suki change de volume selon son humeur et sa santé, passant d'un sac « très grand, avec tout un fourbi dedans », à un tout petit sac. « Quand je vais mal je prends le grand : j'accumule, je mets dedans des mouchoirs en papier, des bons de réduction (qui ne servent jamais puisque je ne les retrouve pas), un porte-chéquier/porte-monnaie rempli de vieilles factures, du numéro de dossier des allocations familiales, un autre portefeuille avec des vieilles photos, le porte-monnaie avec les cartes, le téléphone, une pochette avec des médicaments au cas où. Et, en fin de compte, j'ai l'impression d'être sécurisée avec tout ça dedans... Quand je vais mieux, je prends un petit sac avec le strict minimum comme si je n'avais besoin de rien. » Mais il n'est pas nécessaire de se sentir mal pour que le sac grossisse. Il est si facile d'y accumuler des choses, et si

difficile de les retirer, que l'accumulation continuelle apparaît souvent irrémédiable. Cathe ne
parvient pas à se séparer de son vieil agenda papier,
bien qu'elle ne l'utilise plus depuis qu'elle a un
modèle électronique. Tine transporte une trousse de
maquillage bien qu'elle ne se « remaquille jamais…
mais au cas où… », et un briquet bien qu'elle ne
fume pas. Pour elle le problème est limité, car elle
fait corps avec le choix esthétique du grand sac. « Je
déteste les petits sacs, je trouve ça précieux, un peu
nunuche. » Mais quand le sac grossit malgré soi, son
poids devient vite insupportable.

Or, tout pousse le sac à grossir et s'alourdir. Le
cours de la vie. Quand, après l'insouciance de la
jeunesse, la femme se donne corps et âme aux siens,
et porte pour ses enfants ou son mari. Et le cours de
l'histoire. Car il est loin le temps où les aumônières
et réticules ne contenaient qu'un mouchoir et un
poudrier. Aujourd'hui les produits et ustensiles
nécessaires à la vie ne cessent de se multiplier, la liste
des « essentiels » est toujours plus longue. De
nouveaux appareils comme le téléphone portable
ont fait leur apparition. Et, bien que les construc-
teurs s'évertuent à les miniaturiser, le gain de
quelques grammes est continuellement effacé par
l'ajout de nouveaux éléments, qui s'installent et
deviennent vite indispensables. À la faveur de
l'épidémie de grippe A par exemple, dont l'annonce
excessive fit trembler les foules, des flacons de gel

pour se désinfecter les mains firent leur apparition dans presque tous les sacs. Depuis, l'épidémie s'est évanouie, mais beaucoup de flacons sont restés. Car, au-delà de l'évolution technologique, ce sont surtout de nouveaux besoins qui se manifestent, et qui irrémédiablement font grossir les sacs. Coco établit la différence à deux générations d'écart. « Je me souviens encore du sac à main de ma grand-mère, dans les années 1950. Il était petit, noir et contenait une carte d'identité, un beau mouchoir en tissu qui sentait l'eau de Cologne et un chapelet… Quelle évolution en cinquante ans ! » Le paradoxe est que, comparées aux femmes des années 1950, les femmes d'aujourd'hui se veulent libres et légères. Tout se passe comme si le sac était à contresens de l'histoire. Elles se veulent aussi légères physique-ment, faisant de plus en plus attention à leur ligne. Or, nouveau paradoxe, un sac qui s'alourdit peut être un instrument efficace de cette légèreté corpo-relle. Le « sac de la semaine » de Noisette est « plus grand et plus fourre-tout » que celui du week-end. « En général il contient mon déjeuner. Ça peut paraître drôle : la gamelle c'est pour les travailleurs de force, les gars de l'usine. Révisez vos *a priori*, les femmes qui surveillent leur silhouette et/ou leur santé, et/ou leur compte en banque, ont recours au repas fait maison. » Mais de paradoxe en paradoxe, le sac continue à s'alourdir, contre le rêve de légè-reté.

Alléger le sac devient donc logiquement l'objectif le plus largement partagé. Une véritable obsession, continuelle, quotidienne. Un combat acharné, pour parvenir à expulser un stylo, un vieux bonbon, un paquet de Kleenex. « Pourquoi un sac si lourd ? En fait, il est le reflet de ma vie : un lourd fardeau que j'ai eu du mal à porter depuis de nombreuses années. Depuis j'ai avancé. Certes je garde ma grosse bouteille d'eau (il me faut boire impérativement beaucoup d'eau, je suis inflexible à ce sujet), mais je ne garde plus qu'un paquet de Kleenex ! Ils me servaient quand il m'arrivait de m'écrouler à n'importe quel moment, et là je vous assure qu'il m'en fallait un certain nombre ! Même quand j'allais mieux je les gardais pour "au cas où". » Au terme d'efforts constants, Mila est enfin parvenue à supprimer quelques grammes. Victoire à la Pyrrhus, hélas. « Pour conclure, oui j'ai allégé mon sac : de mes mouchoirs ! Et je les ai remplacés par une toute petite trousse de maquillage ! » La petite trousse, plus lourde que les mouchoirs surnuméraires, témoigne d'une tout autre facette de son existence, tournée vers la séduction plutôt que les pleurs. Mais le sac n'a cure de cette amélioration ; entre rires et larmes, il continue à grossir. « Bon courage à toutes celles qui comme moi à un moment de leur vie ont eu une vie et un sac lourds ! Bien sûr que je compte l'alléger encore plus, mais peut-être sera-t-il lourd d'autre chose… » Mila continue le combat.

Une série d'indicateurs signalent qu'un sac a trop grossi. Un agacement quand on ne retrouve plus les clés au fond. Une douleur à l'épaule quand il se fait trop lourd. La remarque assassine d'une (fausse) amie. Ou le regard extérieur soudain déclenché par une scène inhabituelle. Tine raconte ainsi comment son petit-fils de trois ans, ayant entendu son téléphone sonner, voulut lui apporter son sac. Mais le pauvre bout de chou ne parvint pas à le traîner tant il était lourd. Elle prit alors conscience des kilos qu'elle transportait tous les jours. Isabelle évalue chaque objet un à un, et sanctionne impitoyablement ceux qui lui paraissent trop lourds. « Surtout j'essaye de faire LÉGER. Je déteste porter lourd. Quand je vois ces femmes qui portent des sacs de un à deux kilos, je ne sais pas comment elles font ! » Elle s'autorise une bouteille d'eau, mais qu'elle remplit au tiers.

« Tout le reste, c'est très léger :

— mon téléphone portable Nokia blanc (c'est ça le plus lourd, mais c'est indispensable)

— mon Pass Navigo du métro (dans la poche extérieure) : très léger

— des mouchoirs en papier : très léger

— un stylo : très léger

— un baume pour les lèvres (en été, je n'en ai pas)

— un trombone (toujours utile) : très léger

— un tampon (ça dépanne bien le jour J) : très léger

— un miniplan du métro plastifié : très léger

— un élastique à cheveux : très léger

— quelques cachets de Doliprane et de Nurofen : très léger

— ma clé d'appartement et de boîte aux lettres : un peu lourde, mais je ne peux pas faire autrement. »

Isabelle oublie dans sa liste des objets, beaucoup moins légers, qu'elle signale ailleurs. Ce mensonge par omission nous apprend que le plus important, davantage que la légèreté objective, est surtout de se convaincre soi-même que l'on fait les efforts qu'il faut pour rendre le sac plus léger. Au risque de bien de petites tricheries et trucages. Prenez Anadel. Elle m'affirme avoir atteint la liberté et la légèreté absolues en refusant à jamais l'idée d'avoir un sac à main. Bien. Mais quand elle va au travail, elle utilise son cartable comme substitut, en y rangeant ses petites affaires. Et lors des sorties hors travail, elle les met dans un petit sac à dos. Anadel joue sur les mots ! Je suis cependant trop dur avec elle. Car elle me parle plus de liberté que de légèreté ; l'essentiel est pour elle de ne pas sentir ses mains entravées. « Je fais partie des rares femmes qui n'ont pas de sac à main… Je n'en ai jamais eu, car j'ai tout de suite opté pour le sac à dos. En y réfléchissant, je crois que c'est pour pouvoir avoir les mains libres à tout moment, et que ce besoin de liberté va au-delà des seules mains : ce qui est dans le dos ne se voit pas, et n'encombre pas ma pensée, je peux imaginer que je n'ai aucune limite, physique en tout cas, à mon exploration du monde ! »

Nous voici au cœur de la problématique existentielle de la légèreté. Jusqu'ici, la question apparaissait d'ordre technique : il s'agissait de vider un sac qui s'acharnait au contraire à se remplir sans cesse. Mais lourdeur et légèreté ne renvoient pas seulement à l'esthétique des gestes et au confort physique. Elles placent la femme dans un rôle social particulier. Le gros sac est souvent celui d'une femme au service de ses proches, qui porte pour elle et pour les siens. L'allègement au contraire, voire le rêve radical d'une absence de sac, sous-tend une aspiration à l'autonomie individuelle et à l'égalité avec les hommes. La légèreté est un slogan, une revendication, la marque d'un combat politique, refusant que les femmes soient des individus moins libres que les autres, enfermées dans leur image. Coco, pourtant accrochée à son gros sac, est envieuse des hommes. « Ils ne s'encombrent pas comme nous de tout plein de choses "inutiles" qui nous rendent, nous les femmes, si dépendantes de notre sac. » Émilienne se proclame anti-sac. « Je déteste toute forme d'aliénation. Or force est de constater que les femmes sont très douées pour se créer toutes sortes d'obligations qui les entretiennent dans un rapport de dépendance… à leur sac, à leurs vêtements, à leur coiffure. » Ingrid n'hésite pas à employer un langage extrémiste. « Marx a dit : "Prolétaires de tous les pays, brisez vos chaînes." Il faudrait dire : "Femmes de tous les pays, libérez-vous de vos sacs !" » Le poids sur l'épaule est une chaîne invisible.

Mais la révolte des femmes de tous les pays n'est pas simple à mettre en œuvre, tant le sac est profondément inscrit dans les mœurs féminines. Tismir parle de son « refus » et de son « sentiment de révolte » contre l'aliénation des besaces. Hélas, elle doit se résoudre à l'avouer : « Je peux dire que oui, j'aime les sacs ! » Face à cette contradiction qui la déchire, elle tente de refroidir sa passion. « Mais je reste toujours sur ma première idée, qu'un sac est avant tout encombrant. La satisfaction, voire le bonheur, se trouveraient pour moi plutôt dans le dépouillement. N'avoir rien de plus que soi-même. Belle utopie en réalité, qui me fait rêver depuis pas mal de temps maintenant. » Tismir a la sincérité de parler de rêve et d'utopie. Car ses actes démentent un peu ces belles proclamations. N'est pas révolutionnaire qui veut. Et le sac ne se laisse pas supprimer aussi facilement que cela ! Loin des discours radicaux, l'expérience de la vie sans sac se fonde bien davantage sur des moments particuliers. Elle est fondée plus sur les sensations de légèreté et de liberté que sur de grandes déclarations de principe. « Il m'arrive de sortir sans sac. Lors des promenades dominicales notamment. J'aime me sentir libre, libérée de ce poids que l'on porte tout le reste du temps sur l'épaule. Me promener sans sac représente une coupure, une bulle d'air » (Céline).

19. Le sac fait la femme

Plus que les hommes, les femmes sont confrontées à deux types d'existences possibles très différentes. Dès qu'elles s'engagent en famille, leur problème devient celui de la pesanteur écrasante des activités. Elles doivent être au four et au moulin (au travail et à la maison), augmenter leurs rythmes, diminuer leur temps libre personnel. Si elles continuent à vivre seules au contraire, elles éprouvent une légèreté de l'existence développant des sensations contraires, entre griserie de la liberté et angoisse du vide. Trop de légèreté de l'être peut être angoissant, surtout pour les femmes, de longue date habituées au poids des devoirs et sacrifices.

La légèreté se manifeste surtout durant la jeunesse, quand l'avenir est encore ouvert, et que l'engagement familial reste une perspective lointaine. C'est alors que les sacs peuvent se faire petits, discrets, intermittents. Tismir, l'aspirante révolutionnaire anti-sac, a dix-sept ans. « Est-ce qu'un sac à main peut me servir alors que je n'ai que dix-sept ans ? Selon moi pas vraiment, au contraire je n'y tiens pas, et toutes les fois que je peux m'en passer, je le fais avec grand plaisir. » Le sac plus lourd et régulier apparaît souvent ensuite, sorte de normalisation, marquant l'entrée définitive dans l'âge adulte. Mary nous explique très bien comment elle a vécu cette évolution. « Longtemps je n'en ai pas eu. Je me remémore l'étonnement de mon entourage : "Tu n'as pas de sac, Mary, comment fais-tu ?" L'essentiel était dans mes poches, ma clé et un peu d'argent dans un petit porte-monnaie plat, ma carte bancaire (en cas d'imprévu), mon permis de conduire plié en quatre (il en a bien souffert), plus embêtant, la clé de voiture qui est grosse (je n'allais pas jusqu'à l'attacher au ceinturon à la manière des gros bras). J'avoue que ce n'était pas pratique. Depuis j'ai adopté une petite pochette en bandoulière, que j'ai de nombreuses fois oubliée par manque d'habitude, mais qui maintenant reste plaquée sur ma poitrine. Enfin je suis sortie de la rareté ou disons de l'exception. Me voilà rentrée dans le rang, sa présence me rassure. À l'intérieur, la même chose que dans mes poches, j'y ai rajouté des mouchoirs en papier, un stylo, un calepin, un tube de rouge à lèvres, un préservatif et un portable. À quand pour moi un sac plus profond ? J'espère jamais, je suis trop bordélique, j'aurais peur de m'y perdre et d'y enfouir trop de choses. » Pour Lyne, le basculement s'est produit de façon plus soudaine, à l'occasion d'une péripétie qui reste bien marquée dans sa mémoire. « J'ai une bonne amie qui collectionne les sacs à main, elle m'en a d'ailleurs offert quelques-uns déjà pour des anniversaires, mais je les reléguais au fond de mes placards. Je me suis longtemps demandé ce qu'elle pouvait bien trouver aux sacs, disant même que je détestais les sacs à main, que ça encombrait plus qu'autre chose. Quelques années plus tard, installée à Paris, nous nous sommes revues pour une journée shopping chic. Je n'ai emporté que le nécessaire, dans mes poches de doudoune, sans sac. Nous étions accompagnées de deux jeunes adolescentes. Eh bien, j'ai enfin compris le rôle du sac à main ! Mon amie avait l'air plus "grande dame", tandis que moi, avec mes mains ballantes ou dans les poches, je faisais presque gamine, comme elles, je n'étais pas celle qui a le porte-monnaie (ou le pouvoir d'achat en quelque sorte), il me manquait un accessoire "d'adulte", je suivais… Après cette sortie où je me sentais bien nue, et pas à égalité avec ma copine vis-à-vis de ces ados, je me suis promis de ne jamais plus sortir sans un sac à main, que je choisirais avec soin. »

Dans nombre de trajectoires de vie, le sac suit une évolution caractéristique. Léger ou épisodique durant la jeunesse, il s'installe ensuite plus durablement avec les engagements dans la vie professionnelle et familiale. Il s'alourdit au milieu de la vie quand ces derniers sont les plus intenses. « Depuis que j'ai abordé la quarantaine j'aime les gros sacs. Je pense qu'avec l'âge et l'expérience on a besoin de se rassurer et emporter avec soi tout objet qui est pour nous indispensable et important afin de faire face à toutes éventualités. » Cathe ajoute cependant : « Une fois rempli, ce sac est incontestablement un peu lourd et encombrant. Je pense que lorsque je serai plus "vieille" j'opterai pour un petit sac. » On constate en effet assez souvent désormais un allègement du sac vers cinquante-soixante ans. Prenez Coco et son gros sac. « À cinquante-deux ans, aujourd'hui, j'ai décidé de me détacher de tout ce qui m'encombre. Alors, plus de gros sac, mais un petit qui fait l'affaire, léger, souple. » Le sac à nouveau ici est un révélateur. Il nous parle de notre société, et de ses changements considérables. Nous avons oublié qu'il y a un siècle, avoir cinquante ans marquait l'entrée irrémédiable dans la vieillesse. Les femmes s'habillaient en sombre, un fichu sur la tête. Depuis, l'espérance de vie à la naissance a incroyablement progressé ; deux tiers en un siècle ! Et surtout, le corps et l'esprit sont maintenus jeunes à un âge de plus en plus avancé. Mais il y a plus étonnant encore. Cette vie qui s'allonge et ce corps qui reste jeune plus longtemps s'inscrivent en effet dans un contexte biographique particulier vers cinquante-soixante ans, surtout pour les femmes. Car avant cet âge, elles étaient soumises à une double journée. La vie familiale est une belle chose, mais c'est plus un torrent d'activités qu'un long fleuve tranquille ! Après le départ du dernier enfant, soudain les rythmes se détendent, la vie se fait plus légère et facile, créant mille possibilités pour qui sait les saisir. S'ouvre alors une parenthèse aux parfums surprenants de jeunesse. Le sac qui s'allège en témoigne.

Parfois, cependant, les habitudes prises sont trop lourdes. Même si la vie a un petit parfum de seconde jeunesse, le sac ne parvient pas à maigrir. Parfois aussi l'adolescence elle-même n'est marquée par aucune légèreté du sac. La trajectoire biographique dont j'ai parlé n'a donc rien de systématique. D'ailleurs, l'absence radicale de sac durant la jeunesse, bien que plus forte qu'à l'âge adulte, est quand même une exception. Intrigué par le témoignage de Mary, je lui avais demandé de m'en dire davantage. « Je pense qu'il est nécessaire que je vous raconte un peu ma vie pour trouver l'explication de cette période sans sac. Il me semble important de vous dire que j'ai été élevée par mon père, ma mère étant décédée d'un cancer alors que je n'avais que trois ans. Je suis la dernière d'une fratrie de quatre dont trois frères, j'ai donc baigné dans une atmosphère masculine. À l'époque de mon adolescence, je ne prenais pas de sac. J'ai commencé à l'adopter lorsque j'ai connu l'homme qui allait devenir mon mari. » La suite est encore plus surprenante : il lui arrive encore très souvent de vivre sans sac, sauf quand elle sort avec un homme. Le sac n'est donc pas seulement une marque du passage dans l'âge adulte, mais aussi et surtout, une marque de la féminité, par tous les stéréotypes qui s'y rattachent. Le sac fait la femme.

N'oublions pas que le sac a deux vies. Or, dans mon esquisse d'une trajectoire biographique marquée par les sacs, je n'ai pour le moment parlé que de la première, le sac fonctionnel, l'univers familier des petites affaires, l'extension de soi. Qui s'alourdit quand le dévouement familial de la femme est à son apogée. Le sac fait alors la femme par sa capacité à construire la famille en se donnant sans compter. Mais le sac a aussi son autre vie, la flamboyante, celle du look, des coups de cœur et des passions. Le sac fait aussi la femme de cette autre manière, très différente, aucunement marquée par une trajectoire biographique particulière. Au contraire, tout peut commencer ici très tôt, dès l'enfance, par des jeux de petites filles.

Il faut comprendre les enfants. On leur en demande tellement aujourd'hui ! On voudrait qu'ils se dirigent par eux-mêmes dès leur plus jeune âge, qu'ils s'inventent librement comme des grands. Alors que l'exercice est déjà si difficile et fatigant pour les adultes. Ils cherchent donc des repères pour construire leur identité. Et, parmi les plus simples, il y a les bonnes vieilles oppositions de genre, qui ont fondé depuis des temps immémoriaux les cultures humaines, comme le montrent les travaux de Françoise Héritier[1]. Même si les différences entre un homme et une femme sont minuscules, elles ont engendré deux univers symboliques, deux manières d'être au monde, deux galeries d'images opposées. Qui se sont tellement inscrits dans une mémoire profonde qu'il est bien difficile de s'en déprendre. Le sac attaché aux femmes en fait partie. Avec ceci de notable qu'il ne date que de quelques siècles et que cet attribut de la féminité ne cesse de se renforcer dans les derniers temps. Il n'est donc pas surprenant que les petites filles s'en emparent pour fixer un repère, se rassurer, ébaucher un scénario d'évolution vers l'âge adulte. Écoutez cette scène d'imitation d'une maman racontée par Lyne. « Une de mes filles, âgée de deux ans et demi, était assise à côté de moi à regarder des petits garçons jouer au ballon. À un moment, elle s'empara d'office de mon sac à main et le mit à son bras, "comme une grande„. C'est alors seulement qu'elle s'avança d'une démarche très sûre d'elle-même, pas timide du tout, à côté d'un des garçons, en fronçant un peu les sourcils (peut-être pour se donner un air grave ?). Tout naturellement, elle posa le sac et y attrapa un paquet de mouchoirs, elle se moucha comme une grande, et le remit. Elle était tout près d'eux et elle se tenait droite, comme si le fait d'avoir ce sac de

205

grande en faisait "une" ! Elle n'avait pas du tout cette attitude au début. »

Le sac est pour les petites filles un jeu, qui n'est pas vraiment un jeu. Plutôt une initiation, l'anticipation d'un rite de passage. Mademoiselle M. avait trois ans. « Je n'imagine même pas une femme sans un sac à main. Parce que c'est un symbole de féminité et de mode, depuis des siècles. Moi, j'ai commencé à prendre un sac à main dès l'âge de trois ans : pour faire comme maman et mamie. Parce que cela faisait grande, cela faisait maman, dame… Une utopie lorsque nous sommes petites filles. Dès qu'on allait quelque part, j'avais un sac, souvent bien trop grand pour moi, avec juste mon doudou dedans et quelques pièces de monnaie. » France était légèrement plus âgée, et son souvenir est précis. « Je devais avoir sept ou huit ans. Je le revois encore, rond, rouge avec une petite anse rigide. Ma mère était très coquette et j'accédais par ce premier sac à mon titre de "petite femme". J'y cachais bien sûr mes secrets et je ne l'aurais jamais prêté même à ma meilleure amie. » Carol Shields avait cinq ou six ans. Elle se rappelle son intense plaisir à faire fonctionner la petite fermeture dorée. Pourtant, l'ouverture du sac « donnait accès à un grand rien, ou peut-être à un mouchoir bien repassé et à une petite pièce de monnaie le dimanche. De quoi d'autre aurait donc besoin une petite fille ? On pourrait définir l'enfance justement comme l'âge singulier où l'on peut ne rien emporter avec soi[2] ». Mais l'envie du sac était la plus forte. Carol Shields raconte comment elle l'apprivoisa par étapes successives. D'abord jouet occasionnel, il devint vers douze-treize ans un véritable « sac d'entraînement ». D'entraînement à la féminité. Elle se souvient des regards croisés, des jugements et des rivalités dans la cour de l'école. De la pauvre Charlotte avec son « sac » tricoté à la main par sa grand-mère, de l'insupportable Mary Ellen, qui croyait pouvoir toutes les regarder de haut parce qu'elle arborait sur le sien quelques dessins branchés. Dans l'écheveau des relations qui construisent les personnes, elles étaient entrées dans le monde du sac et n'en sorti-raient plus. Puis elle note comment, quelques années plus tard, les sacs désormais bien accrochés à leurs personnes se mirent à grossir, en intégrant divers instruments de coiffure et de maquillage. Aucune légèreté durant leur jeunesse donc. La trajectoire biographique dont j'ai parlé (légèreté à la jeunesse, poids du milieu de la vie) n'est pas systé-matique car elle est brouillée par le désir. Par la passion des sacs, qui peut commencer dès l'enfance. Et par l'envie de plaire, qui peut nécessiter tout un appareillage.

20. Les hommes à sac

Mais si le sac fait la femme, qu'en est-il alors des hommes ? N'en voit-on pas désormais de plus en plus se promener avec leurs petites sacoches en bandoulière ? Pourquoi parler seulement du sac des femmes ? D'autant que dans l'histoire, les usages du sac furent très divers et pas toujours réservés aux femmes [1]. Les Gaulois par exemple appréciaient tout particulièrement le luxe des belles peaux pour les leurs [2].

Certes. Il reste toutefois un abîme entre les hommes et les femmes en ce domaine. Les petits garçons qui jouent avec des sacs à main ne sont pas légion. Il s'agit surtout pour les hommes d'une nécessité pratique, quand toute une gamme d'appareils nouveaux les encombrent. Pas tant le téléphone, qu'ils gardent souvent dans une poche. Mais plutôt le chargeur de ce téléphone, un casque pour écouter de la musique, voire l'ordinateur. Car ce dernier requiert lui aussi une sacoche, et avec sa miniaturisation progressive, le tout peut être glissé dans un sac unique. Les femmes guettent cette évolution du coin de l'œil, et beaucoup croient observer un effet de mode : les hommes se mettraient enfin au sac eux aussi. Enfin ! Il y a pour elles en effet, il faut le dire, quelque chose d'intrigant, de dérangeant, d'agaçant, à voir ces hommes sans entraves se promener tranquillement les mains dans les poches. La généralisation du sac lèverait une énigme (« Mais comment font-ils ? ») et imposerait à tous une sorte de normalité. Pas une égalité complète, non. Elles ne demandent pas que les hommes flashent sur les sacs comme elles seules savent le faire. Elles auraient d'ailleurs sans doute un peu de mal à abandonner la spécificité de ce monde qui n'est qu'à elles. Pas une égalité complète, donc. Mais le simple partage d'une évidence : on ne peut pas vivre sans sac !

Dans les blogs de filles spécialisés sur les sacs, la question revient régulièrement. Elles voudraient savoir, elles voudraient comprendre. De même que les hommes s'interrogent sur le mystère des sacs féminins, elles sont dévorées par la curiosité. Mais qu'y a-t-il donc dans leur sac ? Ce contenu ne pourrait-il pas apprendre quelque chose sur leur univers étrange ? Alors, elles ont osé. Après avoir ausculté, inventorié, photographié tout ce que contenait le sac des filles, elles ont demandé aux garçons qu'elles connaissaient de vider le leur. Et là il y eut, comment dire, une déception. À chaque fois, quelques pauvres objets, très techniques, froidement fonctionnels, presque ridicules dans leur dénuement. Des objets même pas repérés dans la liste des indispensables habituels. Pas de mouchoirs par exemple : mais comment donc font-ils ? Voici quelques exemples. Jacques, vingt-quatre ans : la lumière pour son vélo, des livres, des médicaments contre les maux de tête, son agenda. « Bon bien sûr il n'a pas l'essentiel de survie, mais comprenez-le : pourquoi s'embarrasser quand le minimum suffit[3] ! » Jason, trente ans : une minibouteille de liqueur d'anis, un livre, une revue, un crayon. « Une fois encore les garçons nous prouvent qu'ils ne s'encombrent pas et font appel à nous pour le nez qui coule ! » Nelson, vingt-sept ans : « Préparez-vous, mesdames, c'est beaucoup moins compliqué que nous ! Vous me direz, les hommes vont toujours à l'essentiel » : une paire de gants, un livre, un lecteur MP3, une BD, une revue. Sandra, qui tient un autre blog, a voulu en avoir le cœur net. Les sacs des hommes étant encore peu fréquents, elle a demandé à cette espèce bizarre de vider ses poches. Et là encore les profondeurs ont révélé bien peu de mystères. Prenez Émery : ses clés, un peu d'argent, un permis de conduire, un porte-cartes de crédit. « Bon, au moins on va pas passer vingt minutes à tout détailler[4] ! »

Si l'intérieur reste assez vide et impersonnel, il semble bien pourtant que, vus du dehors, les sacs masculins tendent à se multiplier, surtout chez les jeunes, dans les milieux urbains et branchés. Le sac, comme le chapeau, est incontestablement à la mode. Il faut se méfier des modes, qui, bien qu'on les appelle « tendances », s'inscrivent rarement dans des tendances de longue durée. Elles vont et elles viennent. Le sac masculin, par exemple, avait déjà tenté une belle percée dans les années 1980. On croyait alors que la nouvelle habitude allait se généraliser. Et puis rapidement l'élan retomba. Les petites sacoches ne résistèrent que chez les fumeurs, ou dans des univers reculés ne faisant pas la mode. Au point d'être bientôt tournés en dérision dans les dessins humoristiques. Il convient donc d'être prudent avant d'annoncer que demain le sac ne sera plus réservé aux femmes. Il se pourrait bien cependant que cette fois soit la bonne, et que la mode actuelle des sacs pour hommes signe l'amorce d'un changement de comportement plus durable. Parce qu'elle se conjugue à des raisons techniques (l'augmentation du nombre des appareils à transporter avec soi). Et parce que le désir de sac des « fashion victimes » est beaucoup plus vibrant que dans les années 1980.

Jean, fin observateur de l'esthétique féminine du sac, déjà cité, note aussi cette évolution. Il souligne le « phénomène de convergence » entre la mode du sac *stricto sensu*, les sacoches d'ordinateur trendy, les sacs de sport plus petits, etc., « qui consacre, à mon sens, la naissance silencieuse et non assumée du sac masculin ». Quant à la part assumée et moins silencieuse, celle de la mode du sac se revendiquant comme tel, voire du sac porté à la main et non en bandoulière, elle a notamment pris naissance dans les milieux homosexuels, et plus largement chez les hommes attentifs à leur image et aux tendances. Le mouvement n'a plus rien de marginal puisque des fabricants se sont lancés sur le créneau, et proposent des sacs à main pour les hommes. Et que ces nouveautés apparaissent d'ailleurs insuffisantes à certains, qui détournent des sacs prévus pour les femmes, comme Monsieurlam, qui « carbure avec un petit cabas Carhartt modèle femme », ou Christophe, qui a opté pour « le modèle *jean* de Jérôme Dreyfuss. Même si ce créateur ne fait que des sacs pour femme, j'ai voulu me l'approprier et en faire un sac pour garçon [5] ». Le résultat, il faut cependant le dire, ne convainc pas tout le monde. Dans les forums de discussion sur Internet, une petite minorité (ceux qui vivent l'expérience de l'intérieur, les porteurs de sacs) s'oppose à une majorité sceptique, narquoise, voire fermement opposée, venant notamment des femmes, qui trouvent cela « bizarre », « ridicule » ou « efféminé [6] ». Passe encore pour une sacoche en bandoulière dit *Vip-Princess*, mais un vrai sac à main, ça fait vraiment trop fille : « Laissez ça aux FILLES ! » s'écrit Mannelle ; « Franchement je trouve ça ridicule ! » conclut Isa.

Toutes les modes, on le sait, doivent affronter au début des stéréotypes, et les vaincre pour s'imposer, en établissant à leur tour de nouvelles normes. Le sac à main pour les hommes touche à ce qui depuis des siècles a fait la femme, et il est logique qu'il déclenche perplexité et critiques. Il ne faut donc pas exagérer la portée de ces cris. Mais il n'est pas dit non plus que le sac à main pour hommes parvienne à vraiment s'imposer à l'égal du sac pour dames. De l'intérieur du mouvement, d'ailleurs, les mieux informés sont bien conscients des limites et des résistances. Mathieu Lebreton, qui anime un blog de mode masculine prédit « un grand avenir au phénomène » et « pense que ça sera la grande tendance prochaine, et qu'elle ne sera pas qu'éphémère ». « Je prévois d'ailleurs d'investir dans un beau sac prochainement. Cependant, après discussion avec mon entourage, les avis sont très partagés. Certains n'imaginent même pas voir un homme affublé de cet accessoire, tandis que d'autres en ont déjà un, voire plusieurs. Les mentalités restent malgré tout très fermées. Beaucoup d'hommes hésitent à sauter le pas et achètent donc un sac passe-partout qui ne s'affirme pas, ce dernier se plaçant plus comme utilitaire banal que véritable accessoire de mode[7]. »

Le poids des emblèmes de genres, héritiers de siècles et de siècles d'histoire, est trop lourd pour pouvoir les effacer aussi facilement. L'image de l'homme est encore trop marquée par son absence d'attaches, alors que la femme au contraire est parée de liens (physiques et relationnels) de toutes sortes. Les mains de l'homme notamment ont trop l'habitude d'une liberté sans entraves. Il faudrait que l'attrait de la mode soit bien fort pour qu'il abandonne cette liberté et cette fluidité, dont rêvent justement les femmes.

Et puis n'oublions pas le dedans des sacs, l'abîme qui sépare hommes et femmes concernant ce petit univers. Nous ne sommes pas à la veille de voir des hommes porter des cailloux.

21. Raconter sa vie par son sac

Le sac des hommes reste rare, discret, et son contenu souvent très pauvre. Un homme ne pourrait pas raconter sa vie par son sac. Une femme, si. J'ai reçu beaucoup de récits, sans même les avoir demandés. Des bribes d'histoire, des biographies presque complètes, et même des poèmes. De nombreux poèmes, que je ne peux malheureusement publier ici, mais qui montrent la force de l'attachement à cet objet pas comme les autres. Les récits brefs témoignaient le plus souvent d'une rupture biographique, d'un tournant important dans l'existence. Le changement de type de sac indiquait un changement de chapitre dans l'histoire d'une vie. Carole, un jour, en eut assez de sa bohème, insouciante, mais qui ne menait pas à grand-chose. Elle entra dans une vie professionnelle plus cadrée. Et elle changea de sac, achetant pour la première fois un « vrai » dans le commerce. Oubliés les sacs bricolés par elle-même ? Non, mais renvoyés dans le souvenir, la douce nostalgie de la jeunesse. Son dernier, le plus beau, est toujours là, fidèle témoin de cette époque. « Il est suspendu à la poignée d'une armoire dans mon bureau. Et, bien que je ne l'utilise plus, il a longtemps représenté tout ce que je voulais être. » Nina elle aussi changea de travail en même temps qu'elle changea de sac. Elle réalisa plus tard que cela n'était pas par hasard. Le sac avait « symbolisé un renouveau », et marqué un déclic dans sa décision de démissionner.

J'ai dit plus haut comment le sac pouvait marquer la trajectoire biographique, grossissant avant de s'alléger. J'ai dit aussi que cela ne se produisait pas toujours. Mais quand c'est le cas, il est remarquable de constater à quel point le sac scande les tournants de la vie, les symbolise, parfois les impulse. « C'est peut-être le fait de "vieillir" : je vais avoir trente-six ans. Avec l'âge, on recherche peut-être plus le confort et le côté pratique, être à son aise. » Isabelle en est à cette toute première étape où le minisac se transforme en « moyen-léger », le goût du confort supplantant les impératifs de l'image de soi. « Maintenant de plus en plus, je ne prends pas de minisac, mais un sac moyen, léger, et suffisamment "habillé" pour le soir et j'y mets : carte bleue, quelques billets, mouchoirs, plan de métro, Pass Navigo, Doliprane, téléphone portable, plan de Paris. Tout cela est très léger. Et éventuellement : collants de rechange et petite bouteille d'eau remplie au tiers. Je préfère avoir tout ce qu'il me faut plutôt que de manquer ou de remplir un minisac à ne plus pouvoir le fermer. » De deux ans son aînée, Romane est un peu plus avancée ; elle en est déjà au sac plein et structuré de la maturité. « Il m'aura fallu attendre l'aube de mes trente-huit ans pour avoir le sac parfait de la mère de famille et de la femme organisée : l'agenda avec tous les rendez-vous planifiés, le paracétamol pour les maux de tête, le miroir, le nécessaire de couture alors que je ne sais même pas coudre un bouton, le parapluie, le rouge à lèvres (une évidence), toutes les cartes de fidélité, le portable bien entendu, des pastilles pour la gorge, une crème pour les mains, un sac pliable pour faire des petites courses, un petit carnet pour noter des idées. » Quant à Odile, jeune retraitée, elle vient d'abandonner son gros fourre-tout pour « un petit sac beaucoup moins lourd que je porte en bandoulière pour me laisser les mains libres ». Elle s'interroge. « Pourquoi ces objets ont-ils disparu de mon sac à main ? » En réponse à sa question, elle se raconte une belle histoire, comme nous le faisons tous nous-mêmes quand nous cherchons les raisons qui nous conduisent à agir autrement. L'allègement serait le fruit de l'expérience, faisant accéder à une sagesse nouvelle, une spiritualité de l'essentiel.

Alexa ne partage pas son avis, mais alors, pas du tout ! Elle a très souvent tenté des allègements, s'imposant brutalement des tout petits sacs, ou modulant les volumes selon les scénarios existentiels de la journée. Nous l'avons déjà entendue nous dire ses hésitations entre le confort des sacs remplis de trésors et la griserie de la légèreté. Or ses sensations furent différentes de celles éprouvées par Odile. Le tournant vers la légèreté, mille fois tenté, s'avérait un semi-échec, ne dégageant que des satisfactions superficielles. Tout au contraire, le retour vers le gros sac exhalait un bonheur profond. Il avait la saveur des retrouvailles merveilleuses avec un vieux soi pleinement harmonique. Alexa m'a longuement raconté son histoire. Écoutez-la ; j'ai préféré ne pas l'interrompre.

« Il y a quatre ans je commençais un nouveau boulot, une nouvelle vie, je me suis dit : "Change de sac à main !" En effet, j'ai pris un petit sac, pour n'y mettre que mon agenda électronique, ma carte orange, mon portefeuille, mon portable et mes clés. Comme j'étais légère, j'avançais vite dans la rue, je le tenais à la main, léger comme une plume, d'une couleur aérienne… Enfin, comme ma mère, je pouvais avoir un tout petit sac, bien rangé. On sait ce qu'il y a dedans, chaque chose est à un endroit bien précis. Quand on ouvre, pas de surprise ! L'inventaire est rapide, concis, précis, s'il manque quoi que ce soit, ça saute aux yeux, c'est une évidence. J'y avais droit à ce sac-là, symbole pour moi d'une féminité structurée et équilibrée, garant d'un ordre mental et d'une cohérence.

« J'ai tenu deux mois.

« Et puis j'ai rouvert mon armoire à sacs à main, à besaces, à fourre-tout, à patapoufs… Joie, bonheur de tous les rouvrir (je dis tous parce qu'il y en a effectivement beaucoup), de découvrir cachées à l'intérieur, dans les petites poches, des surprises oubliées : rouge à lèvres, boucle d'oreille (dont l'orpheline gisait seule dans sa petite boîte), tube d'homéopathie, petits papiers griffonnés, photo cornée, bague cassée, clé (il y a toujours une clé dont je ne me souviens ni de l'utilité ni de la provenance), fil à coudre, carambar, protège-slip, crayon papier…

Moment d'émotion intense ! Je décide donc de transvaser le contenu de mon petit sac dans l'un des grands sacs. Mais c'est un flop complet, un grand sac avec trois fois rien dedans, c'est nul et ça fait moche, ça pendouille comme un poulpe qui sèche au soleil. Donc, fatalement, je le remplis de tout ce qui pourrait m'être utile dans la jungle urbaine, en voiture ou en RER : plan de Paris, livre de pensées philosophiques, bouteille d'eau, petits gâteaux, miroir, maquillage, aspirine, fil à coudre + aiguille (toujours très utile, si, si, si !), album photo, parfum, chargeur, nécessaire à ongles, pansements, déodorant (le tout petit conçu exprès pour les sacs à main), gants, mouchoirs, et, lassée de mon agenda électronique, je reprends mon gros agenda papier dans lequel je peux dessiner, gribouiller, et qui va invariablement se goinfrer de papiers en tous genres pour ressembler d'ici peu à un bottin.

Voilà, avec tout ça et pas loin de quatre kilos, je suis bien, lestée, certes, mais bien. Cet énorme sac, c'est moi, j'ai toute ma vie dedans, il peut m'arriver n'importe quoi, j'ai tout sous la main, je peux répondre à toutes les attentes en un rien de temps. Faim ? J'ai les gâteaux. Un ourlet qui se défait ? J'ai le fil et l'aiguille. Une coupure ? J'ai le pansement. Un ongle cassé qui fait mal ? J'ai le coupe-ongle. Le maquillage qui fatigue ? La trousse à portée de main. Mal au crâne ? Doliprane disponible… Merveille d'organisation qui fait que je ne m'ennuie jamais. Eh oui, ça prend du temps de trouver quelque chose dans ce sac. Et ça prend du temps d'en dresser l'inventaire complet si jamais je dois réapprovisionner les stocks !

« Un gros sac, c'est une pochette-surprise, on le soupèse, on l'évalue, on le secoue (il y a plein de bruits différents suivant les sacs), on le touche (cuir, tissu, synthétique, laine), on le sent, on le malaxe, on peut même s'en servir comme oreiller durant les longs trajets de RER. Et quand on l'ouvre il y a comme une odeur de mystère. Un gros sac est rempli de cachettes et de secrets. Un petit sac ordonné ? Pfft ! C'est triste, et fade, comme un yaourt nature. Moi, mon gros sac, c'est un yaourt aux fruits.

« Oui, décidément, monsieur Kaufmann, le sac à main pose plus de questions qu'il n'en résout. C'est sûrement là tout son charme et son mystère, qui se transmet de génération en génération. Ma mère n'a gardé que peu de choses après le décès de sa mère, mais elle conserve un sac à main, plein d'odeurs et de souvenirs, avec la carte d'identité rangée dans le porte-monnaie, dans la petite poche intérieure. C'est toujours très émouvant d'ouvrir le tiroir où il est rangé comme une relique et de voyager dans le temps et les émotions grâce aux odeurs qui s'en échappent. »

Si le sac peut si facilement raconter une histoire de vie, c'est bien qu'il est lui-même au cœur de la vie. « Mon sac c'est ma vie, mes envies, mes faiblesses, mes amours, mes besoins. » (Sidonie) On ne sera donc pas étonné de voir qu'il occupe une place de choix dans les machineries secrètes qui fabriquent l'identité.

22. *Le sac et le soi*

Pourtant, à première vue, il semble extérieur à soi. Serré tout contre, familier, intime, mais extérieur à soi. Il m'a d'ailleurs très souvent été décrit comme une petite maison portative. « C'est un petit morceau de ma maison », dit Noisette, « sa petite maison qu'on amène avec soi, sa roulotte », ajoute Pizzicata. L'extériorité du sac est cependant étrange, ambivalente. Car, bien que constituée d'objets qui sont réellement hors de soi, tout se passe comme si, dans les sensations intimement ressenties, ils faisaient partie vraiment de soi. Du plus précieux de soi. Nora le dit très bien : son sac est une part d'elle à la fois extérieure et qui fixe les repères de son être. « J'ai un rapport particulier à chacun de mes sacs. Ils représentent une part de moi, fixe, stable, qui me rassure, que je peux regarder, ou toucher si je sens qu'une situation m'échappe. Une part de moi extérieure à laquelle me rattacher, un petit prolongement de mon

222

monde intérieur, de mon appartement, qui me suit, et me rappelle qui je suis si j'en ai besoin. »

Comment exprimer cette dualité complexe (le sac à la fois dehors et dedans) ? Les mots sont très difficiles à trouver. L'image de la maison par exemple peut induire en erreur, en renvoyant le sac à sa seule extériorité. De même qu'une autre image, très souvent évoquée : se sentir « nue » sans son sac. « Sans mon sac à main, je me sens "toute nue" ! Il me manque quelque chose ! » (Helen) ; « Je ne saurais m'imaginer sortir sans mon sac, c'est comme si je devais sortir nue. Cet accessoire, au-delà de son aspect esthétique et pratique, représente à mes yeux un "organe" supplémentaire, un prolongement de moi-même » (Sabrina). Pourtant les sensations engendrant ces images sont réelles, et fréquentes. Mais, comme pour la maison qui n'est pas seulement extérieure, la nudité aussi peut plonger au plus profond de soi, jusqu'au vide existentiel, ce qui est tout autre chose que la simple absence de vêtements. Mademoiselle M. a réussi à trouver les mots, pour le dire très fort. « Je ne peux pas partir sans mon sac, sinon je me sens nue, vide. Sans âme presque. Parce qu'il est une partie intégrante de moi. »

Le manque est en soi. Et ce constat éclate dans toute son ampleur lors de cauchemars de perte ou de vol du sac. Ils m'ont été maintes fois racontés, toujours avec la même intensité d'émotions. Rose par exemple. « Chose bizarre, je rêve souvent que j'ai perdu mon sac et je me réveille à chaque fois avec une terrible angoisse ! » Ou Virginie. « Parfois, il m'arrive de faire un cauchemar : je perds mon sac ou il est volé. Et je ressens alors une grande détresse, je ressens un grand vide à mon réveil. Un sentiment de panique m'envahit... J'ouvre les yeux et il me faut alors quelques minutes pour réaliser. Fort heureusement, ce n'était qu'un mauvais rêve. » Les mauvais rêves ne seraient pas aussi vibrants d'angoisse si le sac n'était qu'un simple accessoire.

Hélas les pires cauchemars finissent parfois par devenir réalité. Le sac est perdu, volé. Ou son intimité violée. C'est alors que l'on constate à quel point il n'était pas seulement extérieur ; le remuement intime est considérable. L'héroïne du roman de Marie Borin est à peine sortie d'une garde à vue que son premier geste est pour son sac. « J'ouvre mon sac à main. Mon sac à main fouillé. Tous les objets en vrac. Tout est en l'air. Je cherche à reconnaître... ma vie [1]. » Car là sont les premiers repères, les gestes fondateurs de la personne, dans une danse secrète avec les petits objets porteurs de la mémoire de soi.

Les situations incertaines ou dramatiques sont celles où se révèle le mieux l'essentialité existentielle du sac. Y compris sur des détails qui pourraient paraître anodins. Prenez les crispations sur les lanières. Ce geste unique répond à toutes sortes de doutes, de fragilités, de peurs ou de dangers, qu'ils soient réels ou imaginaires. Petit voyage dans trois romans, en commençant par l'œil affuté d'Elisabeth George. « La seule chose qui différenciait la femme de chambre de sa maîtresse était un léger manque d'assurance, visible à la façon dont Caroline tenait son sac : elle en étreignait les anses à deux mains comme s'il s'était agi d'une arme défensive [2]. » De l'univers policier à celui de l'horreur, le geste reste le même. Harry, le célèbre médium d'un roman de Graham Masterton [3], annonça à Mme Teitelbaum qu'elle serait sans doute bientôt ruinée ; et il la vit aussitôt torturer les courroies de son sac. Quant à Paulette, héroïne ordinaire d'*Ensemble, c'est tout,* elle était installée sur un tabouret instable dans l'ambulance qui emmenait la pauvre Yvonne, et elle « serrait fort son sac à main et manquait de tomber à chaque tournant [4] ». Protection magique bien sûr, car le sac n'était pas de la moindre utilité pour lui éviter la chute. Mais le repli sur soi dans une position fœtale, comme la crispation sur les courroies du sac sont des réflexes de défense irréfléchis et primordiaux. Les deux d'ailleurs peuvent se combiner : il y a repli sur soi et repli sur le sac. Fermement tenu. Car le sac est à la fois une barrière de défense et ce qui au monde est le plus précieux. Même les chiens d'ailleurs l'ont compris ! « J'avais un cocker qui était avec moi au bureau et à la maison, et il avait dû comprendre l'importance de cet objet, personne ne pouvait

entrer dans ma voiture si le sac était posé sur le siège,
ni approcher de mon bureau lorsque mon sac était
à terre. » (Tine) Laissons le dernier mot à Ninon.
« Je le porte toujours bien serré contre moi. Celui
qui voudra me l'arracher prendra le cœur avec. »

Le sac donne l'impression d'être dehors mais il est
au cœur de soi. Un cœur étrange, marqué ici encore
par une ambivalence, car il fixe l'identité de deux
manières bien différentes. L'identité, je l'ai déjà dit,
est une notion extrêmement complexe, amalga-
mant des contenus contraires. Loin de l'idée très
répandue (c'est un peu notre rêve à tous) d'une
identité en bloc, égale à elle-même et qui serait au
fondement de la personne, elle résulte à l'inverse
pour l'essentiel d'un processus continuel de production de sens[5]. À chaque instant nous nous interro-
geons sur les valeurs qui doivent guider notre action
future, donc sur rien moins que le sens de l'avenir
et sur ce qui donne sens à notre vie. Cette part de
l'identité est incroyablement changeante, volatile.
Produisant des individus si multiples (nous avons
d'ailleurs vu comment les sacs étaient utilisés pour
activer les différentes facettes de soi) qu'ils ont sans
cesse besoin de se raconter et re-raconter leur
histoire pour coller les morceaux épars et se réuni-
fier. Ce que Paul Ricœur appelle si bien l'identité
narrative[6].

Il est cependant une tout autre part de l'identité, radicalement différente. Qui ne vient pas de

l'intérieur de nous-mêmes pour donner sens à la vie, mais de l'extériorité la plus froide et lointaine : les bureaucraties étatiques. Quand, il y a quelques siècles, l'État moderne se forma en se séparant de la société civile, il eut besoin de connaître ses administrés, de les « identifier », de les ficher. Ainsi naquirent les papiers dits d'« identité ». Qui, en fait, ne renferment aucune identité (beaucoup trop riche et mobile pour se laisser réduire ainsi), permettant seulement de ne pas prendre un individu pour un autre. Mais comment ne confondrait-on pas les deux, avec un même mot pour les désigner ? Comment ne les confondrait-on pas alors que les papiers d'identité peuvent être cruciaux dans certaines circonstances de la vie où l'individu est menacé de non-reconnaissance ?

Or, plus que nulle part ailleurs, ces deux identités sont étroitement mélangées dans le sac. Créant cette impression tellement puissante qu'il est au cœur de soi, qu'il est le cœur de soi. Cela commence souvent par les papiers bien sûr. Leur perte est toujours un choc, un ébranlement, l'annonce d'ennuis pénibles. Mais, au-delà des désagréments factuels, les sensations résonnent jusqu'au plus profond de l'être, avec cette fameuse perception de nudité confinant au vide. Qui étais-je sans mes papiers, se demanda Carol Shields après le vol dans le métro ? « Personne[7]. » Personne, parce que nous avons besoin de nos papiers pour nous faire reconnaître, surtout quand nous sommes des étrangers perdus dans une ville. Mais personne aussi, beaucoup plus profondément, à cause de cette perte des repères familiers, de ce vide intérieur. Le sac ne contient pas seulement nos papiers. Il est aussi ce monde rien qu'à soi, ce porteur de mémoire, ces trésors d'affection, qui font chaque jour que l'on est ce que l'on est. Prenez l'identité narrative. Elle se fabrique par les rêves éveillés, le petit cinéma intérieur. Mais aussi de façon plus incisive par des bribes d'écriture biographiques, omniprésentes dans les papiers et carnets du sac. Même griffonnés à la va-vite dans un train ou une salle d'attente, ces bouts de phrase disent beaucoup sur ce que l'on voudrait être demain. Ils sont au centre de la fabrique de soi. Dans le sac. La perte du sac est un effondrement intérieur parce qu'il est au centre de la fabrication de soi. Écoutez cette histoire racontée par Frida. « Un samedi après-midi, dans une grande surface, une femme, la cinquantaine, avait perdu son sac. Dans son regard, la folie, et en même temps elle ne croyait pas ce qui lui arrivait. Elle ne pouvait y croire. Elle a dû voir sa vie défiler à vitesse grand V. Puis elle a mis sa tête entre ses mains sans avoir la force de pleurer. Les agents de la sécurité disaient qu'ils ne pouvaient rien faire. Je n'ai jamais vu autant de désarroi dans le regard d'un être humain. » Frida parle bien sûr d'elle-même autant que de l'infortunée, elle essaie de comprendre ce nouveau mystère du sac : pourquoi une simple clé qui ne pourra pas ouvrir une serrure provoque-t-elle une pareille plongée dans l'horreur et l'idée d'une identité qui s'en va ? « J'ai pensé à cette femme les trois jours qui ont suivi cette scène. Je me suis dit : "Elle ne pourra peut-être pas rentrer chez elle ce soir, tourner la clé dans la serrure comme je vais pouvoir le faire." Cette perte n'est pas aussi grave que celle d'un être cher ou de la santé et pourtant c'est toute son identité qui s'en va soudainement. La sensation d'être projetée dans une autre dimension qui est celle de l'horreur. »

Le vol du sac engendre toute une série de difficultés pratiques. Absence des clés interdisant de rentrer chez soi, de la carte bancaire avec tous les risques de fraude associés, etc. Mais les papiers d'identité sont le plus souvent cités. Plus exactement la « perte d'identité » ressentie avec la disparition des papiers. Surtout bien sûr quand l'insertion administrative est précaire et que plane la hantise d'une non-reconnaissance par l'État. Car, pour l'administration, toute personne n'est que le double de ses papiers, qui seuls font preuve de sa réalité. Quand son sac fut volé, de surcroît lors d'un voyage à l'étranger, Mahina, fraîchement naturalisée française, eut la pénible sensation de n'être soudainement plus rien. Pour Sharan c'est presque l'inverse. Elle n'a pas de sac, et elle perd sans cesse ses papiers. S'engageant dans une sorte d'auto-analyse, elle fait remonter tout cela à son enfance. Sa mère et elle étaient devenues des fugitives, des nomades sans nom fuyant un père possessif et violent. Depuis, elle ne parvient toujours pas à accepter l'idée d'avoir un sac.

Mais l'identité de papier n'est que le plus apparent, ce qui vient en premier, le plus facile à dire. Au-delà il y a le vide intérieur, comme une petite mort. Ou une mort plus grande, le signe d'une étape franchie vers la déchéance et l'anéantissement. C'est dans ces circonstances extrêmes et dramatiques que le sac révèle le mieux sa puissance d'être. Bien que cela donne une tonalité un peu triste pour un objet d'habitude si flamboyant, je terminerai donc ce livre par quelques témoignages qui disent à quel point le sac est au cœur de l'être, et qu'on le saisit surtout à l'heure de frôler le néant.

Éva Tichauer se souvient de son arrivée à Auschwitz. « On nous arrache nos sacs à main, nous ne voyons même pas qui. Je prends la main de ma mère, nous nous regardons. Dans ses yeux passe une indicible souffrance, elle me murmure : "Nous n'avons plus d'identité, nous ne sommes personne !" [8]. » Toutes les agressions, toutes les fragilités (sociales, psychologiques ou corporelles) poussent au regroupement essentiel sur soi, qui trouve dans le sac un repère familier et protecteur. « Ma mère était très vieille. Elle gardait toujours son sac à main, elle ne voulait jamais s'en séparer, même dans des situations où le sac devenait un inconfort. J'ai pensé très fort à elle le jour où, ayant un accident grave, seule dans ma voiture, j'ai pensé que j'allais mourir seule. J'ai alors saisi mon sac, l'ai serré contre moi, et là, avec mon identité, j'ai eu le sentiment que je pouvais mourir. » (France) Le sac est une sorte de dernier recours de l'être, une prise à laquelle on s'accroche face aux risques d'effacement de soi. Voyez l'émotion et la justesse qui se dégagent du beau récit de Noisette.

« Dimanche dernier, j'étais assise avec maman et j'avais posé mon sac sur une chaise. Alors qu'elle a peu de conscience de ce qui l'entoure en général, elle me demande :

— C'est ton sac ?

— Oui, maman.

— Et moi, j'en ai un, un sac ?

Quand elle était encore relativement lucide, elle était constamment en vadrouille dans la résidence où nous nous sommes décidés à la placer. Elle ne sortait jamais sans son sac, d'ailleurs ce sac avait été son dernier achat de femme "libre". Elle le traînait partout. Elle était sans arrêt anxieuse et le réclamait même si elle l'avait en main. Au début, elle y plaçait la clé de sa chambre et un porte-monnaie (vide, ce n'était pas important pour elle). Puis elle a perdu clé et porte-monnaie, mais le sac était toujours là, elle y mettait un mouchoir ou un morceau de pain sec à jeter aux oiseaux dans le parc. Un jour malheureux elle a fait une chute et s'est cassé un bras. Elle a mis un long moment avant de se rétablir à peu près et depuis ne sort plus. Le sac a mystérieusement disparu. Et il n'en a plus été question jusqu'à cette dernière visite. Quand j'observe les autres dames de la résidence, elles sont si touchantes, leur sac vissé sous le bras ou maintenu fermement sur les genoux. Il me semble que c'est ce qui leur reste de féminité, de dignité. Elles s'y accrochent comme au dernier vestige de leur identité. »

Conclusion

J'étais un peu trop sûr de moi, sans doute. Ai-je vraiment réussi à faire parler les sacs ? Un peu. Grâce à la très grande qualité des témoignages, leur précision d'analyse, la force des émotions transmises (un immense merci à mes correspondantes !). Mais je me rends bien compte qu'il y aurait encore tellement à dire, que le sujet n'a sans doute été qu'effleuré, que bien des lectrices (et des lecteurs) auraient aimé, à tel ou tel détour de page, que l'on plonge encore plus profond. J'en ai peut-être trop dit ou pas assez, ouvrant des pistes et des questions, sans donner toutes les réponses.

Pour ma défense, j'avancerai deux choses.

La première : que je voulais faire un petit livre, qui puisse être glissé dans son sac. Il aurait été inadmissible, et moralement condamnable pour les pauvres épaules, de produire une somme encyclopédique de deux kilos !

La seconde : que le sujet est infiniment plus vaste et complexe qu'il n'en a l'air. Parce qu'il est au cœur de la vie, qu'il est intimement lié à la fabrication de soi, qu'il touche à tous les aspects du processus identitaire. Et parce qu'il est intrinsèquement un tissu de contraires. Son âme déchirée et continuellement changeante est donc particulièrement insaisissable.

Il est au-dedans de soi quand on le croit dehors et au-dehors quand on le voudrait dedans.

Il est les mille petits repères du soi le plus habituel, et l'instrument de la fission identitaire en mille facettes bigarrées ; gestes familiers contre jeux de l'image.

Il est l'organisation raisonnable et la folie des passions.

À peine le croit-on établi dans un état qu'il est déjà ailleurs, différent, renvoyant à une autre façon de le penser et de le vivre émotionnellement. Prenez ce mystère des mystères : le fait que cet objet tout simple et fonctionnel, que cet accessoire de mode parfois futile, se révèle être au cœur de la production existentielle. Il nous a fallu tristement voyager dans des situations dramatiques et extrêmes pour le comprendre. Or l'essentiel de la vie des sacs se déroule dans d'autres contextes. Dans l'éclat des apparences, le plaisir des mises en scène, l'art quotidien de la silhouette. L'âme des sacs est le plus souvent colorée et joyeuse ; les sacs sont un spectacle permanent.

Comment cette joie, cette énergie vitale, cette puissance d'être par l'image de soi, n'attireraient-elles pas les femmes ? Elles aiment leur sac (surtout celui qu'elles viennent d'acheter, bien sûr !), elles l'adorent, il est presque un objet sacré. Sacré sac.

Cette passion renforce l'attachement ; par une infinité de liens (compagnon familier, gardien de l'identité, arme de la féminité triomphante), elles lui sont attachées. Mais l'attachement, on le sait, a son côté ombre et son côté lumière. Comme l'amour, qui en est sa forme la plus merveilleuse, il permet le dépassement de soi vers le monde et les autres, il relie, et fait que l'humanité des hommes ne soit pas un vain mot. Il y a hélas un prix fort à payer : la légèreté de l'être, la liberté individuelle. L'attachement attache. Les femmes le ressentent par un poids sur l'épaule. Qui n'est pas seulement un inconfort. Car il est aussi le signe d'une sujétion à une image de genre, celle qui veut – depuis les jeux de l'enfance – que le sac fasse la femme. La féminité triomphante par le sac a donc son revers. Surtout quand, après la phase des plaisirs de la séduction, le sac s'alourdit de toutes les responsabilités familiales.

Il est pourtant bien difficile d'imaginer que les femmes se révoltent un jour contre leurs sacs ; ils sont ancrés au cœur, elles les aiment trop. Nous avons vu que les discours les plus radicaux restaient très abstraits. Elles se contentent de les alléger (ou plutôt, d'essayer de le faire, car le sac irrésistiblement se remplit). D'ailleurs, dans les grandes années du féminisme militant, seuls les soutiens-gorge furent brûlés, pas les sacs. Oh non, pas les sacs !

REMERCIEMENTS

« J'espère que j'ai répondu à votre question. Si vous voulez m'en poser d'autres, n'hésitez pas. En écrivant, je découvre certaines choses sur moi-même » (Valmontine) ; « Je vous remercie de m'avoir incitée à tirer ce fil et à dérouler la pelote de mes émotions, en partant d'un simple objet, c'est tellement agréable d'écrire » (Noisette) ; « Si vous avez d'autres questions à me poser, n'hésitez pas, ça me plaît de répondre, j'apprends en même temps sur moi-même » (Elvie).

Ce livre ne serait rien sans les superbes témoignages qui m'ont été envoyés, riches, précis, sensibles. Le petit bout de route accompli avec mes correspondantes fut pour moi un vrai plaisir, d'autant que je n'ai jamais eu à insister pour obtenir des réponses. Bien au contraire, certaines allant même jusqu'à me remercier ! J'ai d'ailleurs conscience d'avoir déçu, en n'allant pas plus loin dans le voyage. Mes excuses donc, en même temps que mes remerciements.

Je leur avais demandé de choisir elles-mêmes leurs pseudonymes. Le hasard a voulu que certains (Nina,

Marion, Melody, Zoé) soient identiques à ceux employés dans mes derniers livres. Il me semble donc utile de préciser qu'il ne s'agit pas des mêmes personnes. La Melody du sac n'est pas celle d'*Agacements*; et Marion du sac n'a rien à voir avec Marion de *Sex@mour*.

NOTES

Introduction

1. Extrait de la chanson de Camille « Le sac des filles ».
2. http://cendre-a-bulles.over-blog.com

1. Le mystère des secrets

1. Bernard Guy, 2006, p. 20.
2. *Idem.*
3. Témoignage d'Andy.
4. Extrait de la chanson de Bénabar, « Sac à main ».
5. Extrait de la chanson de Renaud, « Dans ton sac ».
6. Extrait du blog de LaNe.
7. Kathryn Eisman, 2010, p. IX.
8. Carol Shields, 2001, p. 21.
9. Extrait du « Blog de Sandra ».

2. Les petits papiers

1. Mélanie Muller, 2009, p. 39.

3. Porter des cailloux

1. Marlène Albert-Llorca, 1992.
2. Marie Desplechin, 2006.
3. *Idem*, p. 80.
4. Jean-François Bruneaud, 2005.

4. La femme porteuse

1. Extrait du « Blog de Sandra ».
2. *Idem.*
3. *Idem.*
4. *Idem.*
5. *Idem.*
6. *Idem.*

5. « Mettre dedans »

1. Extrait du blog de Muriel Gilbert.
2. Bernard Guy, 2006, p. 21.

6. Les couches profondes

1. Extrait du blog « Le monde tranquille de Marion ».
2. Bernard Guy, 2006, p. 22.

7. Sac agace

1. Extrait du blog « Nina des vingtenaires ».
2. Jean-Claude Kaufmann, *Agacements*, 2007.

9. Vider et remplir sans cesse

1. Baume floral censé atténuer les chocs émotionnels.

11. Coups de foudre

1. 48 % des lectrices du blog « Mon sac et moi » déclarent acheter leur sac sur un coup de cœur. Bien que ce minisondage n'ait pas de valeur représentative, il reflète sans doute assez bien la réalité.
2. *Petit crime et sacs à main*, 2009.
3. Marie-Noëlle Schurmans, Laurence Dominicé, 1997.
4. *L'Étrange Histoire de l'amour heureux*, 2009.

13. La guerre des sacs

1. Extrait du blog « Mon sac et moi ».
2. Stéphanie Perdersen, 2008, p. 20.
3. Lorraine Bouchard, 1998.
4. 37 ans, vendeuse. Citée par Sofian Beldjerd, 2011.
5. Dorothy Howell, 2008.
6. Valérie McGarry, 2004.

14. Les deux vies du sac

1. Il faudrait ici creuser bien davantage, mais le livre se transformerait en thèse d'anthropologie cognitive et ce n'est pas le but. C'est peut-être dommage d'ailleurs, car le sac est un exemple particulièrement intéressant, qui permettrait sans doute de résoudre quelques-unes des énigmes théoriques actuellement les plus débattues. Notamment autour de la question très complexe de la « commutation des schèmes ». Sofian Beldjerd (2008) est un de ceux qui a le plus avancé à son propos. Il analyse avec beaucoup de

précision comment un objet passe du régime de la familiarité non consciente, condition de l'action ordinaire, à une émergence dans la réflexivité esthétique ou morale (et inversement), et comment cette mutation opère à la fois par un changement de contexte et par un transfert du schème mental. Or le cas du sac ajoute un élément nouveau : ce n'est pas la totalité du schème qui commute mais une partie seulement : ce qui touche à l'image de soi n'est pas incorporé ou de manière faible. Là où l'individu a l'impression d'une relative unité, un groupement de schèmes différents (réellement groupés mais bien différents) est à l'œuvre dans le processus d'intériorisation/extériorisation. L'impression d'unité se forme grâce à l'objet, qui, par sa nature matérielle, semble rester égal à lui-même. Mais refermons la parenthèse et oublions ici cette complexité, car ceci serait l'objet d'un tout autre livre (que j'écrirai je l'espère un jour).

2. Extrait du blog « Mon blog de fille ».

3. L'étude est en fait fondée sur un protocole d'enquête assez léger, et mériterait d'être confirmée. Mais, plus importante encore que ses résultats objectifs est sans doute l'émotion qu'elle a suscitée à travers le monde. Car, comme Valérie, les femmes découvraient une vérité qui ne les surprenait qu'à moitié, et surtout, révélait l'étrangeté de l'occultation du regard critique.

15. La main ou l'épaule ?

1. Marjory Foyle, 2001.
2. Florence Compain, Cyril Payen, 2006.
3. Carol Shields, 2001.
4. Stéphanie Perdersen, 2008.

16. Dangers en tous sens

1. Charles Dickens, 2001.
2. Hélène Barbé, 2004.

3. Patrick Delimoy, 2008, p. 38.
4. Marc Vachon, 2005, p. 35.
5. Bruno Aubusson de Cavarlay, 2007.
6. Alioune Badara Seck, 2000, p. 131.
7. Gore Vidal, 1991, p. 110.
8. Ève Semat, 2000.
9. Frantz Fanon, 2001.
10. Extrait d'un forum de discussion sur le site *Vivelesrondes.*
11. *Idem.*
12. *Idem.*

17. Au cas où

1. Susan Vinnicombe, John Bank, 2003.

19. Le sac fait la femme

1. Françoise Héritier, 1996.
2. Carol Shields, 2001, p. 23.

20. Les hommes à sac

1. Farid Chenoune, 2004.
2. Jean Castarède, 2006.
3. Extrait du blog « Mon sac et moi ».
4. Extrait du « Blog de Sandra ».
5. Commentaires dans le blog « Matérialiste.com ».
6. Extrait de « Forum.ados ».
7. Extrait de « Marérialiste.com ».

22. Le sac et le soi

1. Marie Borin, 2004, p. 181.
2. Élisabeth George, 2009, p. 109.
3. Graham Masterton, 2007.
4. Anna Gavalda, 2004, p. 15.
5. Jean-Claude Kaufmann, 2004.
6. Paul Ricœur, 1990.
7. Carol Shields, 2001, p. 22.
8. Éva Tichauer, 1992, p. 53.

BIBLIOGRAPHIE

ALBERT-LLORCA, Marlène, « L'image à sa place. Approche de l'imagerie religieuse imprimée », *Terrain*, n° 18, 1992.

ALÉVÊQUE, Christophe, *Le petit Alévêque illustré*, Paris, Chiflet & Cie, 2009.

ALLEN, Carmel, *The handbag : to have and to hold*, Londres, Carlton Books, 1999.

AUBUSSON DE CARVALAY, « Des comptes rendus à la statistique criminelle : c'est l'unité qui compte (France, XIXᵉ-XXᵉ siècles) », *Histoire & Mesure*, 2007, vol. XXII, n° 2.

BARBÉ, Hélèné, *Osez... l'échangisme*, Paris, La Musardine, 2004.

BADARA SECK, Alioune, *La mare aux grenouilles*, Paris, L'Harmattan, 2000.

BAXTER, Will, *Around the World in 80 Handbags*, 2010, www.80handbags.com.

BELDJERDS, S., *Goûts en mouvements. L'individu à l'épreuve d'une sociologie des activités esthétiques ordinaires dans les espaces du quotidien*, thèse de sociologie, Paris, Université Paris Descartes, 2008.

Ibid., « Prendre le contretemps à contrepied ou comment s'accommoder de vêtements "hors-la-mode" ou démodés », article dans *Sociologie et Sociétés*, à paraître, 2011.

BORIN, Marie, *Garde à vue*, Lausanne, L'Âge d'Homme, 2004.

BOUCHARD, Lorraine, *La Mariée au grand jour. Mode, coutumes et usages au Québec, 1910-1960*, Montréal, Hurtubise HMH, 1998.

BRUNEAUD, Jean-François, *Chroniques de l'ethnicité quotidienne chez les Maghrébins français*, Paris, L'Harmattan, 2005.

BUFFONG, Jean, « *The Lady in the Boat with the red Petticoat* », 1998, dans DUNSEATH K., *A Second Skin : Women Write About Clothes*, Londres, Women's Press.

CASTARÈDE, Jean, *Histoire du luxe en France : Des origines à nos jours*, Paris, Éditions d'Organisation, 2006.

CHENOUNE, Farid, *Le cas du sac. Histoire d'une utopie portative*, Paris, Le Passage, 2004.

COMPAIN, Florence et PAYEN, Cyril, *Bangkok la nuit*, Arles, Éditions Philippe Picquier, 2006.

DASSAULT, Martine, *Le Temps du violon*, Monaco, Éditions du Rocher, 2007.

DELIMOY, Patrick, *Le manuel de l'aventure et du voyage*, Paris, Société des écrivains, 2008.

DESPLECHIN, Marie, *Le Sac à main*, Paris, Points-Seuil, 2006.

DICKENS, Charles, *David Copperfield*, Paris, Le Livre de Poche, 2001 (première édition 1850).

ECO, Umberto, *Vertige de la liste*, Paris, Flammarion, 2009.

EISMAN, Kathryn, *How to Tell a Woman by Her Handbag*, Kansas City, Andrews McMeel Publishing, 2010.

EYSENCK, Hans Jürgen, *La Névrose et nous*, Liège, Mardaga, 1995.

FANON, Frantz, *L'an V de la révolution algérienne*, Paris, La Découverte, 2001 (première édition 1959).

FOYLE, Marjory, *Honorably Wounded : Stress Among Christian Workers*, Oxford, Monarch Books, 2001.

GAVALDA, Anna, *Ensemble, c'est tout*, Paris, Le Dilettante, 2004.

GEORGE, Elizabeth, *Enquête dans le brouillard*, Paris, Pocket, 2009 (première édition anglaise, 1988).

GORE VIDAL, Eugene, *Kalki*, Lausanne, L'Âge d'Homme, 1991 (première édition 1978).

GUY, Bernard, *J'écris avec les nuages*, Paris, Publibook, 2006.

HÉRITIER, Françoise, *Masculin/féminin, la pensée de la différence*, Paris, Odile Jacob, 1996.

HOWELL, Dorothy, *Petit crime et sacs à main*, Paris, Hachette, 2009.

JOHNSON, Anna, *Handbags : The Power of the Purse*, New York, Workman Publishing, 2002.

KAUFMANN, Jean-Claude, *L'invention de soi. Une théorie de l'identité*, Paris, Armand Colin, 2004.

Ibid., *Agacements. Les petites guerres du couple*, Paris, Armand Colin, 2007.

Ibid., *L'Étrange Histoire de l'amour heureux*, Paris, Armand Colin, 2009.

MASTERTON, Graham, *Du sang pour Manitou*, Paris, Bragelonne, 2007.

MCGARRY, Valérie, *Le Sac*, Paris, Jean-Claude Lattès, 2004.

MICHALON, Bénédicte, « La périphérie négociée. Pratiques quotidiennes et jeux d'acteurs autour des mobilités transfrontalières entre la Roumanie et la Moldavie », *L'espace politique*, n° 2, 2007.

MULLER, Mélanie, *L'Élixir*, Paris, Blanche, 2009.

PEDERSEN, Stéphanie, *Un amour de sac à main*, Paris, Éditions Hors Collection, 2008.

RICŒUR, Paul, *Soi-même comme un autre*, Paris, Le Seuil, coll. « Points », 1990.

ROUGEMONT, Denis de, *L'Amour et l'Occident*, Paris, 10/18, 2004 (première édition 1938).

SCHURMANS, Marie-Noëlle et DOMINICÉ, Loraine, *Le Coup de foudre amoureux. Essai de sociologie compréhensive*, Paris, PUF, 1997.

SEMAT, Ève, *Femmes au travail, violences vécues*, Paris, Syros, 2000.

SHIELDS, Carol, « *Una borsetta tutta per sè* », dans DUNSEATH K., *33 scrittrici raccontano. Seconda pelle, quando le donne si vestono*, Milano, Feltrinelli, 2001. Traduction italienne de « *A Purse of One's Own* », *A Second Skin : Women Write About Clothes*, Women's Press, 1998.

SPÄTH, Gerold, *Un nommé Unschlecht*, Lausanne, L'Âge d'Homme, 1996.

STYRING, Kelley, *In Your Purse : Archaeology of the American Handbag*, Bloomington, AuthorHouse, 2007.

BIBLIOGRAPHIE

TICHAUER, Éva, *J'étais le numéro 20832 à Auschwitz*, Paris, L'Harmattan, 1992.

VACHON, Marc, *Voyage au bout de l'humanitaire*, Paris, La Découverte, 2005.

VINNICOMBE, Susan, BANK, John, *Women With Attitude : Lessons for Career Management*, New York, Routledge, 2003.

WILCOX, Claire, *Bags*, Londres, V&A Publications, 1999.

WILDE, Oscar, *L'Importance d'être constant*, Paris, Garnier-Flammarion, 2000.

TABLE DES MATIÈRES

Ce volume a été composé par Facompo
et achevé d'imprimer
en février 2011
sur Roto-Page
par l'Imprimerie Floch à Mayenne
pour le compte des Éditions Lattès
17, rue Jacob
75006 Paris

N° d'édition : 01 – N° d'impression : 79024
Dépôt légal : mars 2011
Imprimé en France